Sven Michaelsen

»Sie sind wohl übers Ufer getreten, Sie Rinnsal!«

ZU DIESEM BUCH

Vornrum schöntun und einander hintenrum meucheln: Wenn die Stars unserer Kultur sich in den Haaren liegen, wird mit einer natterzüngigen Finesse verletzt, die ihresgleichen sucht. Der Journalist Sven Michaelsen hat aus Hunderten seiner Interviews die Gipfelpunkte von Häme und Heuchelei, von Rachsucht und Mordlust zusammengetragen. Er zeigt, dass Rankünе unter Geistesgrößen verhüllte Wahrheiten und uneingestandene Erkenntnisse ans Licht hebt. Steht dann aber das Herz eines Kränkungskünstlers in Flammen, spürt der Leser erleichtert, dass es sie doch gibt: die grandiose Liebe, *larger than life*.

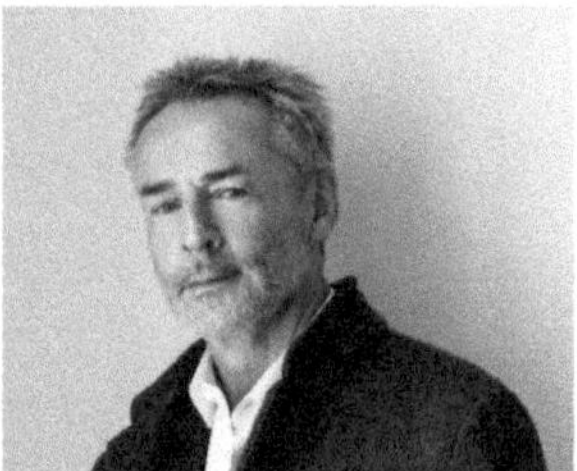

Sven Michaelsen war Reporter und Autor beim »Stern«, interviewt für das »SZ-Magazin« seit 14 Jahren die Leitfiguren und Idole unserer Zeit, wurde zwei Mal mit dem »Deutschen Reporterpreis« ausgezeichnet und schrieb sieben Bücher.

SVEN MICHAELSEN

„SIE SIND WOHL ÜBERS UFER GETRETEN, SIE RINNSAL!“

WENN BERÜHMTE KÜNSTLER HASSEN, LIEBEN & LÄSTERN

PIPER

Mehr über unsere Autorinnen, Autoren und Bücher:
www.piper.de

Von Sven Michaelsen liegen im Piper Verlag vor:
»Das drucken Sie aber nicht!«
»Am Anfang steht der Größenwahn, am Ende die Demut«
»Sie sind wohl übers Ufer getreten, Sie Rinnsal!«

Unser Versprechen für mehr Nachhaltigkeit
• Klimaneutrales Produkt
• FSC®-zertifiziertes Papier
• Hergestellt in Deutschland

FSC www.fsc.org
MIX
Papier aus verantwortungsvollen Quellen
FSC® C014496

ISBN 978-3-492-07070-6

Umschlaggestaltung: Tom Ising / Herburg Weiland
Autorenfoto: Peter Rigaud
Satz: Nadine Clemens, München
Gesetzt aus der Strauss von Nolan Paparelli und der Minion Pro
Litho: Lorenz & Zeller, Inning am Ammersee
Druck und Bindung: GGP Media GmbH, Pößneck
Printed in Germany

»Es gibt keinen, den ich nicht in zehn Minuten bis an sein Lebensende gedemütigt hätte.«
Peter Handke

»Ich hasse alle Leute, die sich mögen.«
Benjamin von Stuckrad-Barre

»Was ist Liebe? Das ist doch ganz einfach! Liebe ist alles, was unser Leben steigert, erweitert, bereichert. Nach allen Höhen und Tiefen. Die Liebe ist so unproblematisch wie ein Fahrzeug. Problematisch sind nur die Lenker, die Fahrgäste und die Straße.«
Franz Kafka

INHALT

analysiert und enthüllt, wer Frank Schirrmacher »die intellektuelle Substanz eines Käsesoufflés« bescheinigt.

FÜNFTES KAPITEL 169

in dem Thomas Mann in den vergifteten Erinnerungen seines Enkels lebendig wird, Vladimir Nabokov auf dem Totenbett von seinem Sohn fotografiert wird, Tony Curtis in Unterhose Cabrio fährt, Keith Richards ein Kilo Heroin bestellt, Ferdinand von Schirach der Appetit vergeht, Jonathan Meese mit Joseph Beuys abrechnet, Bianca Jagger ihre Habgier entblößt, Warren Beatty ein Bond-Girl aufreißt, André Heller als Zuschauer im Wiener Burgtheater ein Kofferradio plärren lässt, während auf der Bühne Othello *gespielt wird, und Jeff Koons ältere Damen mit der Behauptung schockt: »Rembrandt benutzte für seine Kunst Pinsel, ich benutze meinen Schwanz.«*

ERSTES KAPITEL

in dem John Lennon nackt im Hotel Sacher in Wien auftritt, Bernd Eichinger mittags zwischen Pornokassetten aufwacht, Theodor W. Adorno eine akademische Dame ins Bett kriegen will, Charlotte Rampling im 500er-Mercedes gegen einen Laternenpfahl fährt, Peter Handke die Journalisten von Spiegel und Zeit als »Schattenficker mit Außenalsterblick« verhöhnt und Siegfried Unseld von einem morphiumsüchtigen Schriftsteller gewürgt wird, bis sein Kopf blaurot anläuft.

ULLI LOMMEL, Schauspieler und Regisseur: Andy Warhol war unfähig, allein zu sein. Wenn ich mit ihm essen ging, saßen meist Bianca Jagger, Peter Beard, Jackie Kennedy Onassis und Truman Capote mit am Tisch. Jackie trug stets Chanel und hatte eine piepsige Babystimme wie Marilyn Monroe, Truman war meist blau und trug fleckige Jeans zu gammligen Turnschuhen Größe neununddreißig. Ich liebte seinen gefeierten Roman *Frühstück bei Tiffany*, wusste aber, dass er wegen seines pompösen Lebensstils seit Jahren pleite war und sich bei Gönnern durchschnorrte. Als er in meiner New Yorker Wohnung auf der Couch übernachtet hatte, bat er statt eines Frühstücks um einen großen Cognac mit einem kleinen Schuss Kaffee. Ich fragte ihn, ob er eigentlich je bei Tiffany & Co. gewesen sei. Als er Nein sagte, ließen wir uns fünf Minuten später in einem Taxi zu Tiffany in die Fifth Avenue fahren. Im Laden war es still wie in einem Mausoleum. Keiner der Verkäufer erkannte ihn – und bei so was wurde Truman ungemütlich. Er legte sich wie ein Penner der Länge nach vor den Eingang und schloss demonstrativ die Augen. Als der Wachmann »What the fuck!« schrie und ihn abtransportieren wollte, kreischte er mit seiner Eunuchenstimme wie am Spieß. Ich sagte zum Wachmann: »Sir, das ist der Schriftsteller Truman Capote, der Ihren Laden weltberühmt gemacht hat.« Ich bekam zur Antwort: »Und wer sind Sie? Jack Nicholson?« Eine halbe Stunde später saßen wir auf einem Polizeirevier und wurden wegen Unruhestiftung vernommen.

JOHN UPDIKE, Schriftsteller: Ein Celebrity zu sein ist ein schrecklicher Energieaufwand, denn man muss sich dauernd Mühe geben, für andere glücklich auszusehen. Sehen Sie sich an, was aus Truman Capote geworden ist. Er ist als Schriftsteller zerstört worden durch sein Interesse an der Seifenblase Ruhm. Es verdirbt das Schreiben, wenn man eine Person von öffentlicher Bedeutung sein will. Man kann sehen oder gesehen werden, und Ruhm kann die Augen fett machen. Ich wohne seit Jahren mit dem Rücken zur Welt in einem Haus mit Blick über die Massachussetts Bay vierzig Autominuten von Boston entfernt. Mein Land ist verrückt nach Celebritys, ohne dass gefragt wird, warum jemand ein Celebrity ist. Wenn man wie ich die Sehnsucht hat zu gefallen und durch Schmeicheleien verführbar ist, sollte man zum Prominentenzirkus Abstand wahren. Ich habe New York 1957 verlassen, weil es für meine Wesensart besser ist, unter Menschen zu leben, die keine Romane lesen. Es ist für mich eine Gnade, hier nicht der Schriftsteller zu sein, den alle kennen, denn Berühmtheit ist eine Maske, die sich ins Gesicht frisst. Irgendwann stellen Sie fest, die Maske ist zu Ihrem Gesicht geworden.

PLÁCIDO DOMINGO, Tenor: Als Montserrat Caballé in der Metropolitan Opera in New York sang, stand die Sopranistin Birgit Nilsson hinter der Bühne und lauschte. Ein Aufpasser wollte wissen, was sie da mache. Nilsson antwortete: »Ich bin hier, um Madame Aballé singen zu hören.« »Madame Aballé? Sie meinen Madame Caballé?« »Nein. Madame Aballé. Hören Sie doch hin: Sie hat ihr C verloren!«

ARMIN MUELLER-STAHL, Schauspieler: Kurz vor seinem Tod traf ich Heiner Müller in Kalifornien. Dass er Speiseröhrenkrebs hatte, wusste ich nicht. Ich kannte ihn aus DDR-Zeiten sehr gut und hatte Hemmungen, zum Treffen hinzugehen, weil ich weiß, wie das ist mit Leuten, die berühmt geworden sind. Sie glauben, sie müssen ihre Muskeln spielen lassen: Ich bin besser, ich bin erfolgreicher, ich bin berühmter als du! Ich begegnete dann einem völlig anderen Heiner Müller. Jede Eitelkeit war weg. Das brachte mich auf den Gedanken, er sei möglicherweise sehr krank, und die Weisheit des am eigenen Grab Stehenden lasse ihn so konkurrenzlos aussehen, so freundlich, so liebenswert, so zart. Er hielt sich wirklich wie ein Kind an mich, und ich fragte: »Heiner, warum hast du dich mit der Stasi eingelassen?« Er antwortete: »Armin, du weißt doch, die Revolution der Deutschen ist die Denunziation. Es gibt auch ein Menschenrecht auf Feigheit.«

DENIS SCHECK, Kritiker: Ich war mal bei der Harry-Potter-Erfinderin J. K. Rowling zu Hause. Sie war sehr freundlich und professionell. Mein Kameramann fragte sie, ob er ein signiertes Buch haben dürfe. Sie erwiderte: »Aber selbstverständlich!« Beim Verlassen des Hauses tippte ihm eine von Rowling losgeschickte Hausangestellte auf die Schulter und sagte: »Das macht dann 24,95 Pfund!« Da wurde mir klar, warum Rowling reicher ist als die Queen.

HANS NEUENFELS, Theater- und Opernregisseur: Ich wurde drei Mal geohrfeigt. Der Mutter von Maria Schell sagte ich, sie schleppe ihren Text zu sehr und lege den Mantel der Begütigung darüber. Beim zehnten Mal rastete sie aus und knallte mir ein paar. Ich fand das ganz verständlich – ich fiel nur halt fünf Meter tief in den Orchestergraben und brach mir das Handgelenk. Die zweite Ohrfeige war so heftig, dass es nur so knallte. Sie kam von Götz Friedrich, dem wunderbaren Leiter der Deutschen Oper in Berlin. Als ich seine Disposition runtermachte, konnte er den arroganten Tonfall meiner Ausführungen nicht ertragen und schlug ganz schnell zu – er war Choleriker. Die dritte Ohrfeige war die von Bernhard Minetti. Die war ganz natürlich. Ich wollte ihm, ausgerechnet ihm!, einige Zeilen seines Textes streichen, und das fand er unverschämt von mir, wie einen Überfall. Er war da schon Ende achtzig. Er schaute mich kurz sprachlos an und schmierte mir dann eine. Die saß auch. Das war eine richtig gute Theaterohrfeige erster Klasse. Ich muss sagen, ich habe alle drei Ohrfeigen total verstanden.

PETER USTINOV, Schauspieler: Als ich bei *Lady L* Regie führte, sollten Paul Newman und Sophia Loren ein feuriges Liebespaar spielen. Man merkte jedoch in jeder Sekunde, Miss Loren hielt ihren Partner für einen vulgären Proll. Ich flehte sie an, sie möge sich äußerste Mühe geben, ihn anziehend zu finden. Am nächsten Morgen flötete sie: »Paul, womit klebst du dir jeden Morgen deinen Schnurrbart an?« Er antwortete: »Mit meinem Sperma, Darling.«

Charles Laughton war fast immer beleidigt. War er gerade mal nicht beleidigt, bereitete er sich darauf vor, gleich wieder beleidigt zu sein. Als wir bei mir zu Hause eine Szene aus *Spartacus* probten, fragte mein vierjähriger Sohn: »Dad, wer ist diese Dame?« Als ich ihn über seinen Irrtum aufklärte, entgegnete er: »Aber Dad, warum hat dieser Mann dann Brüste?« Laughton war wieder mal sehr beleidigt.

Ich sollte mich ohrfeigen. Hätte ich den geringsten Verdacht gehabt, Humphrey Bogart würde eine Jahrhundert-Ikone werden, hätte ich ihn natürlich genauer beobachtet. Als wir 1954 *Wir sind keine Engel* drehten, war er für mich bloß jemand, mit dem man halt jeden Tag arbeitet. Mir fiel nur auf, er war beseelt vom Kult des Antihelden. Nichts an ihm war auch nur annähernd perfekt. Er war sehr klein, verachtete ganz offensichtlich Körperpflege und lispelte sehr stark. Nach jedem Wort fiel seine Zunge in einen See aus Spucke. Später trug er ein Toupet. Seine Make-up-Frau schrieb ein Buch über ihn mit dem Titel *The Proud Toupet*. Es wurde nie gedruckt.

Vor Bette Davis hatte ich schreckliche Angst. Jeder Schauspieler wusste, sie lernt nicht nur die Kommata in ihrem Text auswendig, sondern auch die ihrer Mitspieler. Als wir in Ägypten *Tod auf dem Nil* drehten, erlebte ich sie tödlich beleidigt. Bei der Besichtigung der Pyramiden von Gizeh sah sie einen Fotografen und machte eine Pose für ihn. Statt ein Foto von ihr zu machen, sagte der Mann: »Sorry, Lady, but I'm here to photograph some real antiques.«

ANDRÉ HELLER, Künstler: 1967 bekam ich eine tägliche Radiosendung auf Ö3 namens *Musicbox*. Zwei Jahre später hatte ich im Hotel Sacher in Wien Yoko Ono und John Lennon vor dem Mikrofon – beide nackt. Im Roten Salon hatte man zuvor die wertvollen Defregger-Gemälde abgehängt. Jetzt hingen da Papptafeln mit handgeschriebenen Parolen wie »Peace now!« oder »Grow your hair!«. Lennon und Yoko Ono hatten sich ausgezogen und ein riesiges Sacher-Leintuch übergeworfen. »Bag-in« nannten sie das. Ich stand im Ledermantel daneben und stellte Fragen, dazu rauchte ich blasiert Zigarillo. Hinterher sagte Lennons Manager, die beiden würden mich am folgenden Vormittag zu einem ausführlichen Interview empfangen. Um 9:30 Uhr klopften der Tonmann und ich an die Tür von Suite 101. Man hatte wundersamerweise nicht zugesperrt, und wir traten »Good morning!« rufend ein. Die beiden lagen schlafend in einem goldgrünen Rokokobett. Lennon trug einen blau-weiß gestreiften Pyjama, auf dem Nachtkästchen lagen ein Gedichtband von Allen Ginsberg und die runde Nickelbrille. Um die beiden zu wecken, intonierten wir die österreichische Bundeshymne *Land der Berge, Land am Strome*. Sie schrie erschrocken etwas Japanisches, er sagte mit belegter Morgenstimme nichts als »Oh my God!«. Beim Frühstück wollte Yoko wissen, wie es um die Avantgardekunst in Österreich stehe. John Lennon fragte, ob es in Wien eine ähnliche Rotlichtmeile gebe wie die Reeperbahn in Hamburg. Beim anschließenden Interview ereiferte er sich über den Krieg in Vietnam und die Ausbeutung der Dritten Welt. Yoko schrie im Abstand von zwei Minuten »Peeeeeaaaace!« dazwischen. Am Nachmittag begleitete ich Lennon zum Flughafen Wien-Schwechat. Als wir uns dem Zentralfriedhof näherten, sagte ich, sein Kollege Franz Schubert liege hier. Er ließ die Limousine stoppen, und wir liefen zu den Ehrengräbern. An Schuberts Grab stehend, fiel ihm auf, wer da im Umkreis von zwanzig Metern noch seine endgültige Unruhe gefunden hatte: Mozart, Beethoven, Brahms, Johann Strauss. Er sagte: »Was für eine aberwitzige Versammlung!« Dann zog er den Schnürsenkel aus seinem rechten Schuh und legte ihn mit den Worten »statt Blumen« auf Schuberts Grab.

WOLF WONDRATSCHEK, Schriftsteller: Geld ist Dreck. Es ist etwas Primitives, etwas durch und durch Obszönes, etwas ganz und gar Heilloses. Aber ganz ohne Geld dazustehen, das gebe ich zu, ist bedrückend. Es hat etwas ungemein Unpraktisches. Trotzdem gefällt mir die Idee von Geld nicht. Die Talente, die man braucht, um große Geldsummen anzuhäufen, gehören stets zu den niedersten menschlichen Eigenschaften. Andererseits, wenn ich mich so zurücklehne, mir eine Zigarette anzünde und an einen Schriftsteller denke wie Graham Greene, der sich vom Honorar für einen seiner Romane eine Villa auf Capri leisten konnte, dann sehe ich das Meer und die Palmen, höre den Wind und die Zikaden – und bin, nein, nicht gerade neidisch, aber einverstanden.

Ich war fast zehn Jahre lang Autor des Diogenes Verlags in Zürich. Als ich mit dem Verleger Daniel Keel über das Honorar für mein Langgedicht *Carmen oder Bin ich das Arsch-*

loch der achtziger Jahre verhandelte, verlangte ich eine Kiste Gold. Das ist, finde ich, die angemessene Währung für Poesie. Gold, nicht Geld. Etwas Glänzendes, nichts Dreckiges. Keel wollte das Gold nicht rausrücken, partout nicht. Dabei gibt es in der Schweiz doch so viel davon. Irgendwann hatte ich genug von dem Gefeilsche und nannte ihn »Arschloch« – woraufhin er mich sehr ruhig bat, sein Büro zu verlassen.

Carmen ist ein Gedicht über die Cutterin Jane Seitz, die gleichzeitig mit dem Filmproduzenten Bernd Eichinger und mir liiert war. Mit fünfundvierzig Jahren beging sie Selbstmord. Nach der Katastrophe mit Keel habe ich im Marstall-Theater in München aus *Carmen* gelesen. Im Publikum mein Freund Bernd mit unserer gemeinsamen Geliebten. Bei dem Essen, das er hinterher schmiss, sagte Bernd: »Ich will dieses Gedicht haben. Ich kauf es. Wie viel?« Ich dachte: Nicht schlecht, Respekt, was für eine schöne Reaktion! Der Boss der Bosse sagt: »Wenn ich schon die Frau nicht besitzen kann, soll mir wenigstens ihre Geschichte gehören. Her damit!« Er hat dann spätnachts seinen Fahrer losgeschickt, und der erschien eine halbe Stunde später mit einem Briefumschlag voller Scheine. *Carmen* gegen Cash!

In meinem Erzählband *Saint Tropez* porträtiere ich Bernd als einen Menschen mit rohen, jedes Anstandsgefühl außer Kraft setzenden Rücksichtslosigkeiten, der gegen Mittag zwischen Pornokassetten aufwacht und die Vorhänge aufreißt, als erwarte er Applaus. Es heißt aber auch: »Ich überließ ihm das Geld, er mir die Faulheit.« Wir waren bei allen Unterschieden Seelenbrüder, die nicht aufhören konnten, sich treu zu sein. Wenn wir irgendwo saßen und tranken, bis wir betrunken waren, war mir nur unangenehm, dass draußen immer sein Chauffeur im schwarzen Mercedes wartete. Ich sagte: »Bernd, schick den doch weg.« Dabei verstand ich ihn. Er war ein Mensch, der von ganz unten kam und nicht in dieses Milieu hineingeboren wurde. Er hatte dieses Rührende von Dagobert Duck: Geld freute ihn einfach. Ich habe ihm immer geraten, Gleichgültigkeit gegenüber Erfolg zu entwickeln. *Easy Rider* wurde nicht gedreht, um Millionen abzuräumen – und wurde erfolgreicher und berühmter als jeder Film, den der Bernd gedreht hat. Ich habe mir sehr gewünscht, dass er mal einen Film macht, der ganz ihm gehört und den er bilanzmäßig abschreibt. Einen Film, bei dem er nicht zockt, sondern bei dem die Energie ganz bei ihm selber bleibt. Er hätte das in der Position, in der er war, durchsetzen können.

PAUL NIZON, Schriftsteller: Als ich dem Suhrkamp-Verleger Siegfried Unseld aus einem Entwurf zu meinem Roman *Canto* vorlas, bot er mir sofort einen Vertrag mit Monatsgehalt an. Damit war mein Schreiben gesichert. Es war, als hätte ich einen Hollywood-Vertrag unterzeichnet. Ich stürzte mich in das Buch und schrieb es in nicht einmal einem Jahr. Unseld war hingerissen und prophezeite einen Welterfolg, und ich war Narr genug, meinen Weltruhm in naiver Freude zu erwarten. *Canto* war das zweite Buch, das Unseld als Verleger verantwortete. So frisch, so an einem Anfang waren wir beide. Im Tiefsten blieb ich seine ganz persönliche Entdeckung. Darauf kam er immer wieder stolz zu sprechen. Umso größer war die Enttäuschung für ihn, als *Canto* mit einigen Ausnahmen Unverständnis provozierte oder mit vernichtenden Worten abgeurteilt wurde. Es wurden damals nur eintausendfünfhundert Exemplare verkauft. Es war wirklich ein Reinfall, und wir fühlten uns beide fürchterlich enttäuscht voneinander.

Canto hat mich zum Morphinisten gemacht. Ich hatte fast einen Verfolgungswahn, weil ich mir meuchelmörderisch behandelt vorkam. Der ausbleibende Applaus legte mich buchstäblich aufs Kreuz. Ich fiel auf den Rücken und hatte mehrere Monate lang eine Bandscheibenlähmung. Gegen die Schmerzen bekam ich drei Spritzen Morphium am Tag.

Unseld und ich hatten ein sehr nahes Verhältnis, wenn wir auch des Öftern im Krieg lagen. Er dachte natürlich schon, ich sei eine Art Genie, aber da ich kein Geschäft war, war ich für ihn kein Geschäftspartner, bloß eine offene Wette. Das war schrecklich für ihn, denn er scharte mit Vorliebe Autoren mit hohen Auflagen um sich. Für ihn war ein großer Schriftsteller dann doch ein erfolgreicher Schriftsteller. Ruhm ohne Erfolg, mein Geschick, gab es für ihn nicht. Er meinte, er habe mich stets mit äußerster Zuvorkommenheit behandelt. Als Beleg führte er an, dass er mir zu meinem fünfzigsten Geburtstag ein Dupont-Schreibset zum Geschenk gemacht hatte.

Wie sollte Unseld mich verkaufen, wenn er sich keinen Reim auf meine Kunst machen konnte? Wie soll man eine Ware verkaufen, wenn man nicht einen schnittigen Vers bereit hat, um ihn in den Rachen des Publikums zu werfen? Die Vermarktung ist der Part des Verlegers. Weil er nicht wusste, wie er mich vermarkten sollte, ließ er es ganz sein. Der Trostspruch, mit dem er mich in die Apsis seiner Kathedrale sperrte, lautete: »Ich kann jetzt nicht viel für deine Bücher tun. Dein Werk ist für später.«

Zur Feier seines sechsundfünfzigsten Geburtstags ließ Unseld die Creme seiner Autoren nach Venedig einfliegen. Im Flugzeug nach Venedig hatten Unseld und Martin Walser ausgeheckt, dass ich den Torcello-Preis der Suhrkamp-Stiftung bekommen sollte, eine tolle Summe. Meine Aktien bei Unseld standen also sehr gut. Nachts fiel er des Alkohols wegen eine lange Treppe herunter und lag in seinem Blut. Peter Handke hielt ihm die Hand. Als ich mich dem Verletzten näherte, rief er: »Du nicht!« Dass er mich in seiner Hinfälligkeit plötzlich für seinen potenziellen Mörder hielt, verblüfft mich bis heute. Einmal hatte ich ihm die Hände um den Hals gelegt und zugedrückt. Vielleicht war das der Grund. In meinen sieben mageren Jahren nach *Canto* fühlte ich mich sehr zerworfen mit ihm. Und dann kommt der Kerl nach Zürich und hält von einem gemästeten Ich-Gefühl aus einen Vortrag über den Verleger als Seelsorger, Liebhaber und materiellen Vater des Autors. Als man hinterher zusammensaß, sagte ich: »Ich bringe dich um, du Schwein!« Dann würgte ich ihn, bis sein Kopf blaurot anlief. Natürlich war ich besoffen. Damals war man eigentlich immer besoffen. Das können Sie sich gar nicht vorstellen, was man damals in sich hineingeschüttet hat.

Bevor Unseld sterbenskrank wurde, sind wir noch mal ausgegangen. Er ließ seine Jaguar-Limousine mit dem Kennzeichen F-SU 1 von einem Chauffeur fahren, und wir gingen fürstlich essen. Er trank wie immer wahnsinnig schnell, und dann habe ich alle möglichen Forderungen vorgebracht. Alles wurde sofort akzeptiert. Am Ende sagte ich: »Nur schade, dass ich ein derartiger materieller Versager bin in deinem Verlag.« Er nahm mich am Arm und erwiderte: »Sag das nicht. Du bist kein Versager. Ich bin dein Versager.« Das war das letzte Statement.

PETER HANDKE, Literaturnobelpreisträger: Ich war zweiundzwanzig, als ich Unseld kennenlernte. Ich bin ein Mensch, der furchtbar auf Einzelheiten abfährt. Ich weiß ganz genau, er hatte einen Furunkel auf der Nase und trank Weißwein aus silbernen Bechern. Entsetzlich! Das schmeckt überhaupt nicht. Er war ein innerlich sehr scheuer Mensch, der eine eiserne Energie zeigen musste. Angesprungen auf ihn bin ich, als ich mit meiner kleinen Tochter in Kronberg lebte. Er kam am Abend oft vorbei und schaute mich nur schweigend an. Da sah ich, was er für warme, leuchtend schöne Augen hat. 1981 kam es zum ersten großen Krach. Ich schrieb ihm, dass ich einen neuen Verlag suchen werde. Das war ein völlig sinnloser Amoklauf, aber er hat mich, so blöd dialektisch das klingt, auch befreit. Was Reich-Ranicki zu meinem Buch *Langsame Heimkehr* geschrieben hat, war nackter Vernichtungswille. Er wollte mich weghaben. Und am nächsten Tag hat Unseld ihn empfangen, ihn bewirtet.

Ich fühlte mich verraten und musste einen Auslauf suchen aus mir. Da habe ich eben losgelegt. Ich bedaure das nicht. Ich begriff damals nicht, auch er ist ein Händler und Kaufmann, eine Art Drehmännchen. Wie eine Karussellfigur musste er zu allem, was im Umkreis passierte, ein gutes Gesicht machen oder zumindest ein kommunikatives. Er konnte auch unendlich verletzend sein. Das Manuskript von *Mein Jahr in der Niemandsbucht* schrieb ich mit äußerster Sorgfalt mit Bleistift. Er sagte aber, ein von Hand geschriebenes Manuskript sei nicht ablieferungsfähig. Da bin ich durchgedreht. Gehen Sie nach Kronberg ins Schlosshotel. Vielleicht ist das noch in der Luft, wie ich da gebrüllt habe. Viele meiner Wutausbrüche im Leben bedaure ich, aber dass ich da losraketisiert habe, bedaure ich nicht.

Er schrieb mir mal, ich sei der wichtigste Autor seines Verlags. Mir selber hätte ich das schon geglaubt, aber ihm nicht. Ich wusste, das ist Programmmusik. Ich bin schon eitel, aber meine Eitelkeit ist so verborgen, dass die nur zu unheiligen Zeiten herauskommt. Das ist die schlimmste Eitelkeit. Die wirklich eitlen Menschen wissen nicht, dass sie eitel sind. Deswegen sind sie so angenehm, so harmlos.

Als Siegfried sterbenskrank wurde, kam ich in die Klettenbergstraße zu Besuch. Er sprach sehr langsam, aber die Wörter wurden schon noch Worte. Er machte sich auf eine sanfte Weise über sich und alles lustig. Ich fand das vorbildlich. Es gab Pflegerinnen, die ihn betreuten. Eine war aus Bosnien. Er stellte mich ihr vor: »Das ist der Peter Handke. Sie müssen wissen, der hat viel Erfolg bei Frauen.« Dabei hat er mir zugezwinkert. Das war das Letzte, was ich in Erinnerung habe.

Siegfried, meine Mutter und Nicolas Born sind die drei Menschen, die mir nach ihrem Tod erschienen sind. Das ist etwas mystisch, aber das waren keine Träume. Ich dachte, die sind jetzt da und schauen mich an, ein Durch- und Durchgehen, wie wenn einer mit einem Schneidbrenner einem durch die Seele fährt. Alle drei hatten was Ermahnendes an sich, als ob man sich in einer gewaltigen Kathedrale befände, und ich würde von ihnen stumm mit den Augen zurechtgewiesen.

RAIMUND FELLINGER, Cheflektor bei Suhrkamp: Siegfried Unseld litt vor allem darunter, dass er in seinen ersten Suhrkamp-Jahren geringgeschätzt bis verachtet wurde. Der damalige Cheflektor Walter Boehlich hielt ihn für einen Vollidioten, um es überspitzt zu sagen. Ein Journalist schrieb noch 1974, da war Unseld auf dem Zenit angekommen, er sei ein Rugby-Spieler, der unter die Literaten gefallen sei. Natürlich wollte Unseld demonstrieren, er habe es nach oben geschafft. Als sein Autor Max Frisch sich einen Jaguar kaufte, wollte er auch einen. Es gibt ein tolles Foto, das die beiden in Zürich vor ihren Jaguars zeigt. Frisch hatte natürlich den noch mächtigeren. Unseld war aber nicht eitler als im Literaturbetrieb üblich, zumindest nicht physisch, im äußeren Auftreten. Etwas anderes ist, dass er die Beobachtungen seiner Autoren gern als Eigenbeobachtungen ausgab, um Damen zu charmieren oder in der Öffentlichkeit aufzufallen.

Peter Handke rächte sich öfters an Unseld, indem er ihn in Paris in ein Straßenrestaurant bestellte und neben das öffentliche Pissoir platzierte. Ich erlebe von Autoren alle möglichen Demütigungen: ein halbstündiges Donnerwetter am Telefon, ich sei unfähig zu lesen und zu denken, Stehenlassen auf der Straße, stundenlanges Schweigen im Restaurant, Erpressungsversuche durch Winken mit einem anderen Verlag.

Handke schreibt seine Manuskripte bis heute mit Bleistift. Wenn wir sein Manuskript in den Computer eingeben, ist allerhöchste Sorgfalt geboten. Ein falsch übertragenes Komma empfindet er als Anschlag auf seine gesamte Existenz. Deshalb reise ich mit der druckfertigen Version zu ihm nach Paris. Dann bereinigt er letzte Fehler. Er stellt mich heute als seinen Lektor und Freund vor, aber das kann sich jederzeit ins Gegenteil verkehren. Dann bin ich wieder der Verbrecher.

DENIS SCHECK, Kritiker: Wie Frank Schirrmacher ist Unseld ein Scheinriese, der aus der Ferne riesengroß wirkt, aber umso kleiner wird, je näher man ihm kommt und je genauer man ihn betrachtet. Der alte Unseld hat die überragende Bedeutung der US-amerikanischen Literatur komplett übersehen. Seine Wahrnehmung der Moderne endete bei ein bisschen James Joyce. Warum sollte man jemanden rühmen, der das Wichtigste verschlafen hat?

JOACHIM LOTTMANN, Schriftsteller: Für die Jugend von heute ist Suhrkamp eine Zigarettenmarke und Adenauer eine Herrenseife.

THOMAS BRASCH, Schriftsteller: Nach sieben Jahren Schreiben hatte mein Romanmanuskript *Mädchenmörder Brunke* dreizehntausendsechshundert Seiten, inklusive sechshundertvierzig Gedichte. Das Buch, das der Suhrkamp-Verlag daraus machte, hatte nicht mal hundert luftig bedruckte Seiten. Dieser aufgeblasene Siegfried Ungeld vom Zensurkamp-Verlag hätte mein Buch am liebsten ganz verhindert. Bei diesem Herrn kommt das Wort Verleger von Verlegenheit. Der hätte mein Buch am liebsten so verlegt, dass es keiner mehr findet.

HANS NEUENFELS, Theater- und Opernregisseur: Der Sänger Jonas Kaufmann erzählt, in Asien gelte Nikotinsucht als Mundeinsamkeit. Man brauche eben Gift, um getröstet zu werden, dass diese Queröffnung da so allein und nutzlos im Gesicht rumhängt. Leider ist das Orale ein nicht wegzuwischendes Moment von Befriedigung. Sonst wäre es ja leicht, nicht zu rauchen. Eine Zeit lang habe ich mit Uppern und Downern und weitergehenden Dingen herumprobiert. Was mich dann aber total schockiert hat, war der Tod von Thomas Brasch, mit dem ich eine Zeit lang sehr befreundet war. Die vielen Jahre mit Kokain haben Brasch isoliert und paranoid gemacht. Es war nicht mehr möglich, mit ihm zu sprechen, ohne dass man sich schlug.

PETER HANDKE, Literaturnobelpreisträger: Einem Interviewer der *Zeit* log ich vor, ich hätte Jeanne Moreau meine Liebesbriefe an sie gestohlen, damit nach meinem Tod nichts Persönliches von mir kursiert. Meine sogenannte Biografie besteht aus falschen Spuren, die ich selbst lege, damit zum Erfinden möglichst wenig übrig bleibt. Wenn Legenden schon sein müssen, dann spiele ich halt ein bisschen mit. Ich habe einfach kein so ereignisreiches Leben. Es wird erst dadurch interessant, dass ich ein paar Spuren lege. Ich lese über mein Leben und bin ganz entzückt. Man erfindet etwas, damit man selbst etwas zu lesen hat.

Meine Beziehung zu Frau Katja Flint? Was soll denn das jetzt? Gehen Sie sich doch ficken!

CLAUS PEYMANN, Theaterintendant und Regisseur: Peter Handke hat für die Journalisten der Hamburger Publikationen *Zeit*, *Stern* und *Spiegel* einen gemeinsamen Namen: »Schattenficker mit Außenalsterblick«.

Ich habe Handke fürs Theater entdeckt, als ich 1966 sein Stück *Publikumsbeschimpfung* uraufführte. Die zweite Vorstellung gipfelte in einem Faustkampf zwischen Wolf Wondratschek und mir. Weil er die Vorstellung aktionistisch störte, schlug ich ihn auf offener Bühne nieder und warf ihn in einem Ringkampf endgültig zu Boden. In der Folge dieses Ereignisses interessierte sich Wondratschek dann sehr fürs Boxen. Solange ich ihn als Störenfried attackierte, war das Publikum auf meiner Seite. Kaum hatte ich ihn niedergeworfen, revoltierten die Zuschauer gegen mich. Das war wie eine Chiffre für die Achtundsechzigerzeit: Wird ein Dichter verprügelt, stimmt die Straße zu. Ist der Dichter totgeschlagen, ist die Straße dagegen.

HUBERT BURDA, Verleger: Peter Handke war mein Trauzeuge bei der Hochzeit mit Maria Furtwängler. Als wir uns 1968 kennenlernten, war ich für ihn vornehmlich »dieser Illustriertenheini«. Ich umwarb ihn lange Zeit wie eine Frau. Es gibt niemanden, der einen besser schauen und staunen lehrt als der Peter. Der größte Feind des Lebendigen ist die Routine: Kenn ich schon, weiß ich schon. Deine Urteile sind fertig, das ist der Tod. Die Welt muss immer wieder fremd werden für dich – und dann kippt sie um. Was Handke »Umsprungsbilder« nennt, ist das, was ich im Leben suche. Gelingt diese Suche, bin ich glückselig.

Der Peter sagt, es gebe keinen, den er nicht in zehn Minuten bis an sein Lebensende gedemütigt hätte. Ich habe mal bei seinem Geburtstag die Tischordnung verändert, weil ich sie fürchterlich fand. Als er das mitkriegte, sagte er: »Am besten verlässt du sofort das Lokal!« Ich hätte seinen gesamten Geburtstag ruiniert und sei ein unmöglicher Mensch, mit dem er nie mehr was zu tun haben wolle. Ich ging raus, marschierte durch die Wälder und fluchte: »Ich lass mich doch von diesem Deppen und Rindviech nicht fertigmachen!« Ich glaube, es war Ulla Unseld-Berkewicz, die sagte, ich solle doch jetzt nicht mit dem Peter brechen, der habe das gar nicht so gemeint. Ich habe ihn mit Menschen wie Gianni Agnelli und Liz Taylor zusammengebracht. In der ersten halben Stunde hält er sich schweigend die Hand vors Gesicht. Aber wenn er dann Grünen Veltliner getrunken hat, hört er gar nicht mehr auf zu reden. Wegen des vielen Veltliners sind unsere Treffen für mich immer mit einer Gewichtszunahme verbunden.

RAIMUND FELLINGER, Cheflektor bei Suhrkamp: Obwohl Thomas Bernhard die Druckfahnen seiner Romane nicht Korrektur las, schiss er Unseld jedes Mal zusammen, wenn Fehler im Buch waren. Das war das Unverschämte an Bernhard. Der Grund, warum er nicht Korrektur las: Er konnte es gar nicht. Kommata konnte der gar nicht, Rechtschreibung auch nicht. Bernhard schlug Unseld mal vor, seine Schulden beim Verlag durch Lektoratsarbeiten zu begleichen. Der Verleger reagierte mit erschrockener Abwehr. Statt diplomatisch formulierte Absagen zu tippen, hätte Bernhard in die Tasten gehauen: »Wie können Sie Vollidiot so einen Mist schreiben und denken, der Verlag veröffentlicht das auch noch?«

Viele Jahre lektorierte ich sowohl Handke als auch Bernhard. Die beiden lieferten sich einen Konkurrenzkampf: Wer ist der Schönste im Land? Wer ist der Beste in der Österreich-Literatur? Es wird erzählt, Bernhard sei mehr als einmal in Wien ins Flugzeug gestiegen mit dem Satz: »Ich muss zu dem blöden Handke-Lektor nach Frankfurt.« Wenn das stimmt, ist es trotzdem nur die halbe Wahrheit. Bernhard war wie Handke: Machte man ihm gute Korrekturvorschläge, war alles gut.

PETER HANDKE, Literaturnobelpreisträger: Als ich jung war, habe ich Thomas Bernhard wirklich verehrt. Ich wollte ihn nicht besuchen, aber Siegfried Unseld schleppte mich mit. Ich besuche Schriftsteller gar nicht gern, außer es geht um Fußball, oder man schaut zusammen in die Landschaft. Bernhard war ein reizbarer Mensch. Man hat unter dieser doch fast umgänglichen Oberfläche gespürt, er könnte denken: Was tue ich mit denen? Mir geht es genauso. In den Achtzigern spürten wir, wir haben nichts mehr miteinander zu schaffen, im Wortsinn. Ich wünschte mir, so etwas lesen zu können wie seine *Auslöschung*. Ich bin sogar mit diesem dicken Buch fast demonstrativ durch Salzburg gegangen und habe das im Gehen gelesen, damit die Leute sehen, ich lese Thomas Bernhard. Aber dann kam ich an eine Stelle, wo Ingeborg Bachmann verwandelt vorkam in einem Traum, fast zwanzig, dreißig Seiten lang. Das war ein derartiger Kitsch. Vorher das virtuose, rhythmische Geschimpfe, dann dreißig Seiten himmelhoch heben, und dann geht wieder das Geschimpfe weiter. Da war mein Demonstrationswille nicht mehr vorhanden. Es tut mir leid, nicht für mich, sondern für das Werk von Thomas Bernhard.

HANS NEUENFELS, Opern- und Theaterregisseur: Ich war Mitte zwanzig, als ich Handke kennenlernte. Wenn wir abends trinken gingen, spielten wir immer Cowboy. Einer von uns schoss, der andere musste über die Hecken in die Vorgärten fallen. Er sagte mir, seine Akne habe ihn zum Schriftsteller gemacht. Der schiefe Blick des sich aussätzig

Fühlenden verlasse einen nie. Meine Hautgeschichte war genauso entscheidend. Meine ersten Gedichte waren von der Akne im wahrsten Sinne des Wortes gezeichnet. Sie hatten Titel wie *Schorf der Gesichte* oder *Der Eiter*. Der dauernde Kontrollblick in den Spiegel war quälend. Ich fühlte mich aussätzig, ausgesetzt. Jeder neue Pickel verstärkte meinen Selbstbeobachtungszwang und gab mir das Gefühl demütigender Peinlichkeit und Selbstverachtung. Ich wurde zum Experten für Tarnungen und Verhüllungen – und damit zu einem guten Regisseur.

JOACHIM KAISER, Kritiker: Arthur Koestler meinte, Schriftsteller zu mögen und ihnen dann zu begegnen, sei so, wie Gänseleberpastete zu mögen und dann die Gans zu treffen. Meine Erfahrungen sind anders. Schriftsteller sind im Allgemeinen naiver als das, was sie schreiben, und das macht sie mir sympathisch. Heinrich Böll habe ich sogar geliebt. Er war von einer unglaublichen Reinheit. Bei einem Vortrag von ihm schrie der Hanser-Verleger Michael Krüger: »Herr Böll, Ihr Vergleich hinkt!« Er erwiderte: »Herr Krüger, man kann sein Ziel auch hinkend erreichen.«

KIRK DOUGLAS, Schauspieler: Schauspieler sind verloren, wenn sie nicht mehr zwischen Rolle und Realität unterscheiden können. Mein Kumpel John Wayne hielt sich irgendwann wirklich für einen dieser beinharten Western-Typen aus seinen Filmen. Nach der Vorführung meines Films *Vincent van Gogh – Ein Leben in Leidenschaft* raunzte er mich an: »Mein Gott, Kirk, wie konntest du bloß so eine Rolle annehmen! Wir müssen positive, vorbildliche Charaktere spielen, keinen nervenkranken Spinner, der sich erst ein Ohr abschneidet und dann auch noch Selbstmord begeht.« Ich entgegnete: »John, wir sind bloß Schauspieler. Glaub doch nicht, uns ruft das Pentagon an, wenn irgendwo ein Krieg ausbricht.«

DANIEL RICHTER, Maler: Ein Journalist fragte Gerhard Richter, wie er meine Bilder finde. Er antwortete, sie seien ihm zu krikelig, zu grell, zu bunt, zu aufdringlich. Aus seiner Sicht finde ich die Antwort einleuchtend. Er ist das Sonderphänomen eines Malers, den alle mögen, die Malerei nicht mögen. Bei ihm kriegt man Kitsch und Intelligenz. Was Schöneres kann es gar nicht geben. Für Laien sind seine Bilder wunderbar perfekt gemalter Kitsch, für die Intelligenten sind sie eine Reflexion über den Kitsch. Das macht ihn so wahnsinnig erfolgreich. Er ist ein guter Maler, aber der Malerei hat er nichts gebracht. Malerei, die mich berührt, handelt vom Fehlermachen.

HANS WERNER HENZE, Opernkomponist: Theodor W. Adorno war ein grauenvoller Kerl, seine Eitelkeit geradezu unerträglich! Bei einem Empfang in Rom flirtete er die Präsidentin der Philharmonischen Akademie vor allen Gästen an. Die geladenen Damen und Herren guckten weg und taten so, als wenn nichts wäre. Der Gatte der Präsidentin ging derweil draußen auf und ab, weil er diesen deutschen Philosophen so sehr bewunderte. Er hätte ihn lieber auf Pistolen fordern sollen. Als der berühmte Otto Klemperer Kapellmeister der Hamburger Staatsoper war, lachte er sich die Gattin eines Senators an. Als der Senator dahinterkam, kaufte er Karten für eine gesamte Reihe im Parkett. Bei der Vorstellung saß nur er in dieser Reihe. Er trug Smoking, neben ihm lag eine Reitpeitsche. Als Klemperer zu dirigieren beginnen wollte, sprang der Senator auf und zog ihm rumms, rumms ein paar über. Klemperer, drahtig wie er damals noch war, hechtete auf die Brüstung und rief zum ausverkauften Hause: »Meine Damen und Herren, dieser Mann züchtigt mich, weil ich seine Frau liebe.« Der Senator schrie: »Ich fordere Sie auf Pistolen!« Klemperer erwiderte: »Ich bin doch kein Förster!«

Einmal sang Adorno mir selbst komponierte Lieder am Klavier vor. Das Privatkonzert fand in seiner von Häkeldeckchen verzierten Wohnung in Frankfurt statt. Hatte er Talent? Hach ja, theoretisch verstand der natürlich viel von Musik und konnte deshalb ein Lied von Anton Webern einfach nachmachen. Aber erfinden konnte der nichts. Alles hörte sich an wie intelligente Fälschungen.

HANNELORE HOGER, Schauspielerin: Alexander Kluge und ich waren sieben Jahre lang ein Paar. Er ist der loyalste und humanste Mann, den ich kenne. Einmal nahm er mich zu Adorno mit, dem Philosophen. Adorno war freundlich, sprach leise, hatte zarte Hände und sah aus wie sein Spitzname: Teddie. Er erinnerte mich an den Riesenteddy, mit dem ich als kleines Mädchen in meiner Höhle unter dem Wohnzimmertisch gespielt hatte. Ich habe den beiden Herren eher zugeschaut als zugehört. Adorno wirkte sanft und anrührend und war durch und durch Geist. Es gibt ein Foto, das ihn im Badeanzug im Strandkorb zeigt. Sie denken, da sitzt ein ältliches Kind und erschrickt sich vor der Kälte der Wellen.

Nach Adornos Beerdigung war ich mit Alexander auf der Totenfeier in der Frankfurter Villa des Suhrkamp-Verlegers Siegfried Unseld. Zum Befremden vieler Gäste stellte sich Alexander an den Herd und kochte Bier. Er war über den Tod Adornos tief erschüttert, aber er zeigt ja ungern Gefühle. Das Bierkochen sollte ihn beruhigen, und er wollte etwas Warmes im Bauch haben. Als wir in der Nacht nach München zurückfuhren, gab es auf der Autobahn einen Stau. Alexander stieg wie in Trance aus und wollte auf der Gegenfahrbahn Richtung München laufen. Hätte ich ihn nicht im letzten Moment festgehalten, wäre er überfahren worden.

Wir waren oft auf Sylt, ich am Strand, er immer schreibend in einem Gasthaus. Im Sand sitzen und in die Sonne blinzeln kann er nicht, er muss immer formulieren. Er ist ein Wissens- und Geisteselefant, und ich bin ein ungebildetes Huhn ohne große Geistesblitze. Das hat ihn aber nie gestört. Er hat irgendetwas in mir gesehen und gebraucht. Ich war das, was er nicht war.

ALEXANDER KLUGE, Schriftsteller und Filmemacher: Adorno nannte sich *Baron Hängebauchschwein*. Das war sein selbst gewählter Spitzname. Er zierte sich damit. Ich kann nicht finden, sein Bauchumfang war der Präzision seiner Gedanken abträglich. Balzac war fett. Der Skalpellartigkeit seiner Gedanken hat das nicht geschadet. Der Körper ist ein Gefäß, und da ist eine Seele drin. Es gibt schlanke Seelen in fetten Körpern und fette Seelen in schlanken Körpern.

Adorno legte sich oft aufs Sofa und las mir seine Träume vor. Ich musste dazu bewundernd etwas äußern, schrecklich. Kaum etwas ist quälender, als den Träumen anderer zuhören zu müssen. Der Träumer kann seine Träume nicht verbalisieren, und der Zuhörer kann die Träume nicht nachempfinden.

URS KIENBERGER, Direktor des Hotels Waldhaus in Sils Maria im Engadin: Adorno brachte es bei uns von 1955 bis 1965 auf vierhundertzwanzig Übernachtungen. Er war das, was Hoteliers als unbequemen Stammgast bezeichnen. Man hatte nie den Eindruck, das Ehepaar Adorno sei glücklich mit dem Waldhaus, dennoch kamen die beiden jedes Jahr wieder zu uns. Als mein Vater Texte von Adorno über Sils Maria las, sagte er zu mir: »Es ist erstaunlich, dass jemand, der so schlechte Tischmanieren hat, in so elegantem Stil schreibt.« Einmal besuchte Alexander Kluge Adorno im Waldhaus, um Berufliches mit ihm zu besprechen. Es wunderte ihn, den Kopf der Kritischen Theorie in der bürgerlich-behäbigen Umgebung des Waldhauses zu sehen. Ich denke, Adorno hatte zwei Seelen in seiner Brust. Bei uns genoss er die von unserem Hotelorchester gespielte Caféhausmusik, die er in seinen Schriften zur Musik erbittert bekämpfte. Diese Spannung könnte erklären, warum er nie zufrieden mit dem Waldhaus wirkte, aber dennoch mehr als vierhundert Nächte bei uns verbrachte.

KARL LAGERFELD, Modedesigner: Ich beurteile Menschen danach, ob sie Ideen in mir wecken oder nicht. Das Model Amber Valetta erzählte mir von ihrer Angst, Brustkrebs zu bekommen, wenn sie ihre Nippel der Sonne darbietet. Ich dachte, okay, dann mache ich auf ihre Nippel etwas drauf, das wie die Augenklappe eines Piraten aussieht. Als das fünfmarkstückgroße Bikini-Top unter dem Namen *Nipple Protector* in die Chanel-Boutiquen kam, machte es sofort Furore. Auf einem Mordsbusen würde das Ding ein bisschen obszön wirken, aber für Veronica Ferres ist es auch nicht gedacht.

HARALD SCHMIDT, Entertainer: Ich fahre eine grüne Jaguar-Limousine. Dieses Auto ist für mich der Inbegriff meines Klischee-Englands. Nach fast zwanzig Jahren ist mein Jaguar in weiten Teilen runderneuert, weil ich ein unglaublich schlechter Fahrer bin. Ich habe schon halbe Parkhäuser abgerissen beim Versuch, durch eine enge Kurve von Deck zwei auf Deck drei zu kommen. In der Adventszeit hat es mir mal in einem Parkhaus die halbe rechte Seite weggerissen. Ich konnte nicht mehr weiterfahren. Da wurde es dann bös aggressiv hinter mir, weil alle noch den neuesten Flachbildfernseher kaufen wollten. Wie man als Filmstar zu parken hat, habe ich mal auf den Champs-Élysées gesehen. Charlotte Rampling fuhr im 500er-Mercedes gegen einen Laternenpfahl, ließ ihr Auto stehen und ging seelenruhig ins Kino. In Deutschland hätte sie beim Rauskommen einen Zettel an der Scheibe: »Einparken müssen Sie aber noch lernen!« Von solchen Zetteln kriege ich viele.

JUERGEN TELLER, Fotograf: Als ich Charlotte Rampling für das Magazin der französischen Zeitung *Liberation* fotografieren sollte, war ich mordsnervös, weil ein Traum von mir in Erfüllung ging. Charlotte Rampling, das war für mich *Nachtportier* und die berühmten Fotos von Helmut Newton. Sie war ein harter Knochen, es war überhaupt nicht lustig. Zur Begrüßung sagte sie bloß: »Hallo. Sie haben zehn Minuten.« Ich dachte, fuck, das war's. Aber dann war ich clever und sagte: »Nehmen Sie sich von Ihren zehn Minuten fünf Minuten Zeit, um mein Fotobuch anzuschauen. In den verbleibenden fünf Minuten machen wir dann die Fotos.« Als sie das Buch zuschlug, sagte sie: »Nehmen Sie sich so viel von meiner Zeit, wie Sie brauchen.« Später sahen wir uns auf der Beerdigung einer gemeinsamen Freundin wieder. Sie erzählte, ihre Schwester habe sich umgebracht. Darauf sagte ich, mein Vater habe sich auch umgebracht. So entstand eine Intimität zwischen uns. Für eine Kampagne von Marc Jacobs wollte ich uns gemeinsam fotografieren. Bei der Anprobe stellte sich heraus, ich war viel zu dick, um in die Klamotten von Marc zu passen. Deshalb stand ich nur in Shorts da. Als Charlotte fragte, was wir denn jetzt machen würden, sagte ich: »Ich könnte dich ja küssen und ein bisschen an deinen Brüsten rumfummeln.« Dann war totale Stille. Ich fing zu schwitzen an und dachte, Jesus Christus, das ist ja wohl das Blödeste, was du jemals zu einer Frau gesagt hast. Nach einer gefühlten Ewigkeit zündete sie sich ein Zigarillo an und sagte: »Gut, fangen wir an.« Ich bin dann erst mal aufs Klo gegangen. Und dann haben wir uns geküsst.

Ich wollte unbedingt wissen, wie sie nackt aussieht, und dieses Naive und Unverstellte von mir hat ihr wohl gefallen. Ich bin dann ein halbes Jahr lang an den Wochenenden immer wieder zu ihr nach Paris geflogen. Ich wollte die Beziehung von einem Paar mit zwanzig Jahren Altersunterschied erkunden. Ein Foto zeigt Rampling im Abendkleid am Flügel, ich liege nackt auf dem Flügel und strecke dem Betrachter meine gespreizten Pobacken entgegen. Ich habe uns immer mehr gepusht, weil ich etwas sehen wollte, was ich noch nie gesehen habe. Ein Flügel ist ein Symbol für Bildung und Kultur, und plötzlich hatte ich Lust, so ein Ding mit meinem nackten Arsch in Verbindung zu bringen. Ich hatte jahrelang Ehrfurcht vor reichen Leuten, und auf einmal war ich in einer der teuersten Suiten eines Prunkhotels. Ich dachte, jetzt mach auch was draus, jeder Mann beneidet dich darum, die Nacht mit der begehrenswerten Charlotte Rampling zu verbringen. Das gab mir das Gefühl von Macht und Befriedigung, aber gleichzeitig wollte ich mich zum Clown machen.

Ein anderes Nacktfoto aus der Serie zeigt mich kaviarbeschmiert mit Rampling zu meinen Füßen. Es entstand in einer Suite des Pariser Hotels Crillon. Ich dachte, wie ist denn das bei den reichen Leuten? Also rief ich den Roomservice an und bestellte Kaviar. Die Portion, die gebracht wurde, fand ich viel zu mickrig. Charlotte wusste natürlich, wo es in Paris den besten Kaviar zu kaufen gibt. Ich marschierte los und kaufte für tausendzweihundertfünfzig Euro Kaviar. Es war ein aufregendes Gefühl, das Zeug mit der Hand auf Bauch und Schenkeln zu verschmieren. In solchen Augenblicken ist die Kamera für mich wie der Schild eines Ritters. Ihr Schutz erlaubt einem Abenteuer, die man sich ohne sie nicht trauen würde. Sie ist die perfekte Entschuldigung, Dinge zu tun, die eigentlich nicht erlaubt sind. Man hat eine Kraft in sich, die man auf den anderen überträgt.

GERT VOSS, Theaterschauspieler: An der Seite von Heinz Schubert spielte ich eine Figur, die sich in einen Wolf verwandelt. Bei einer Probe beschwerte er sich, weil ich ihm ohne Vorwarnung in die Brust gebissen hatte. Er sagte: »Junge, wenn du mich beißen willst, musst du mir das doch vorher sagen!« Um mich zum Lachen zu bringen, malte er sich bei der nächsten Probe mit Filzstift einen Klingelknopf auf die Brust und schrieb darunter: »Bitte drei Mal klingeln!« Da ich als Wolf nicht lesen konnte, biss ich ihn in die andere Brust.

MICHAEL MAERTENS, Schauspieler: Die großen Theaterschauspieler stehen auf der Bühne neben sich und beobachten. Gert Voss konnte bei Premieren sogar ausmachen, wo welcher Kritiker sitzt, und anhand der Mimik vorhersagen, wie die Kritik ausfallen würde.

DIETER DORN, Theaterregisseur und Intendant: Die Schauspielerin Gisela Stein fühlte sich mal durch Trittgeräusche vor ihrer Garderobe gestört und ließ deshalb einen Teppich ausrollen. Daraufhin sagte Sunnyi Melles, sie könne unmöglich auftreten, wenn sie auf dem Gang zur Bühne nicht den Boden unter ihren Füßen spüre, und ließ den Teppich wieder einrollen. Dieses Schauspiel wiederholte sich jeden Abend sieben bis acht Mal. Was macht ein Intendant, wenn zwei Diven im Krieg liegen? Ich versuchte es mit Humor, aber das nützte gar nichts. Hinter meinem Rücken ließ die eine Dame den Riesenteppich von dienstbaren Geistern aus der Requisite wieder ausrollen und die andere wieder einrollen. Als die Grenze zur Lachnummer überschritten war, verlegte ich den Schauspieler Tobias Moretti in den Damengang und Frau Melles in den ersten Stock. Damit war die Sache aber nicht erledigt. Moretti duschte nach der Vorstellung und ging dann nackt von einer Damengarderobe zur anderen, um sich zu verabschieden. Die Damen riefen: »Du hast ja nichts an!« Moretti erwiderte: »Natürlich nicht. Ich war ja gerade duschen.«

PAULUS MANKER, Schauspieler und Regisseur: Alma Mahler-Werfel sah ihre Rolle darin, Künstler geradezu erpresserisch zu dem ihnen innewohnenden Genie zu zwingen. Sex war dabei ihr wirksamstes Druckmittel. Franz Werfel, der ununterbrochen mit ihr schlafen wollte, entzog sie ihren Körper und sagte: »Erst schreibst du das Kapitel zu Ende, dann kannst du zu mir ins Bett kommen.« Er schrieb dann los wie ein Wahnsinniger, um sie endlich besteigen zu können. Als sie im siebten Monat schwanger war, ist er so wild und unersättlich über sie hergefallen, dass sie eine Frühgeburt erlitt, bei der sie fast draufging. Das Baby hatte einen Wasserkopf und litt an einer Krankheit, die einen in einem Monat um zehn Jahre altern lässt. Als das Kind nach sieben Monaten starb, warf sie Werfel vor, er habe sich seinen Samen durch exzessives Onanieren verdorben. Hielt sie jemanden für ein Genie, ging sie auch mit verwachsenen Gnomen und neurasthenischen Schwächlingen ins Bett. Mit ungeistigen Zwockeln konnte sie keinen Sex haben. Gustav Mahler, ihren ersten Mann, betrog sie mit dem Stararchitekten Walter Gropius, weil Mahler als Mann eine Enttäuschung war: ein Leidsucher, der sich vor Frauenleibern fürchtete. Gropius war für sie eine Mischung aus feschem Zuchthengst und deutschem Schäferhund. Der hat ihr in einer Nacht gegeben, was Gustav in acht Jahren Ödnis und Langeweile ihr nicht zu geben imstande war. Über ihren Liebhaber Oskar Kokoschka notierte sie im Tagebuch: »Er war wie die Sintflut!« Entweder malte er sie, oder er schlief mit ihr. Mehr als detonierende Sexualität war da nicht. Als sie ihn nicht mehr sehen wollte, ließ er sich eine lebensgroße Alma-Kopie machen. Auch Brustwarzen und Schamhaare mussten der verlorenen Geliebten exakt entsprechen. Als die Puppe fertig war, sprach er tagelang mit ihr und heuerte ein Dienstmädchen an, das sie pflegen musste. Dieses Mädchen hat den Kokoschka dann selbst so geliebt, dass sie sich seine Initialen mit einem Messer in die Brust ritzte. Die Alma-Puppe wurde bei einem orgiastischen Fest erst geschändet und mit Wein übergossen, dann geköpft und aus dem Fenster geschmissen. Die Nachbarn riefen die Polizei, weil sie glaubten, da liege eine Tote im Garten. Im Alter lebte Alma als aufgequollene Walküre in New York. Sie war eine Ruine, die vom steten Regen ihres Bénédictine-Likörs ausgehöhlt war. In meinem Theaterstück über sie lasse ich sie sagen: »Mein Gehirn schwimmt in einem Ozean aus Sperma. Wenn ich mich schnäuze, kleben zehntausend kleine Genies in meinem Taschentuch.«

JOACHIM KAISER, Kritiker: Karl Kraus meinte, ein Ästhet interessiere sich mehr für den Büstenhalter als für die Brüste darin. Das würde ich nicht sagen. Da sind mir die Titten eigentlich wichtiger. Furtwängler soll hundertvier uneheliche Kinder gehabt haben. Man kann sagen, schöpferische Genies wie Picasso und Goethe sind fast immer außerordentlich sinnlich und erotisiert. Eine Ausnahme ist Kafka. Der ging mal gelegentlich in den Puff, aber ansonsten war der mit den Weibern seltsam. Maler sind fast alle Säue. Dagegen kann man auch nichts haben.

Stefan George pflegte zu sagen: »Fünfzig Bücher reichen. Alles andere ist bloß Bildung.« Es gibt auch diesen doofen Satz: »Bildung ist das, was übrig bleibt, wenn man alles gelesen und wieder vergessen hat.« Da sage ich: Nein! Man sollte in einer Reihe bedeutender Werke zu Hause sein. Ich würde sagen, mit tausend Platten und tausend Büchern käme man wohl aus. In meinem Wohnzimmer stehen an die fünfunddreißigtausend Schallplatten. In Thomas Manns Novelle *Das Wunderkind* schwadroniert der Musikkritiker: »Ach, glaubt mir, ich wäre selbst ein Künstler geworden, wenn ich nicht alles so klar durchschaute. Was ist der Künstler? Ein Hanswurst. Die Kritik ist das Höchste. Aber das darf ich nicht schreiben.« Wie das Zitat weitergeht, wird meist vornehm verschwiegen: »Und er entfernt sich mit seinen beschmutzten Hosen.«

DANIEL KEHLMANN, Schriftsteller: Gore Vidal stellte einmal fest: »Erfolg haben allein reicht nicht aus. Es müssen auch andere scheitern – besonders unsere Freunde.« Es gibt einen Satz von La Rochefoucauld, der noch viel schärfer und bösartiger ist: »Im Unglück unserer besten Freunde gibt es immer etwas, was uns nicht missfällt.« Das Unheimliche ist, dass dieser Satz uns auf eine sehr erschreckende Art als wahr berührt.

JULIAN SCHNABEL, Maler: Gore Vidal sagte, habe ein Freund von ihm Erfolg, sterbe er jedes Mal ein bisschen. Vidal war eine Bitch, aber wie er denken viele. Paul Valéry meinte, Künstler wollten vor allem eins: bis ans Ende aller Zeiten Eifersucht und Neid erzeugen. Mir geht es anders. Cy Twombly war mein Freund. Glaube ich, er war ein klein wenig eifersüchtig auf mich? Vielleicht. Glaube ich, er hat mich auf seine Weise geliebt? Ja. Meine jüdische Mutter pflegte zu sagen: »Ein Freund ist jemand, der alles über dich weiß und dich trotzdem immer noch mag.« Wenn Cy am Flughafen den Bombardier-Jet des Galeristen Larry Gagosian bestieg, fragte er mich nie, ob wir vielleicht dasselbe Ziel hätten und er mich mitnehmen könnte. Es war für ihn eine Genugtuung, mich an Bord einer gewöhnlichen Linienmaschine zu wissen. Es gab aber noch einen anderen Cy. Als er mich in meinem Atelier besuchte, hob er zwei Zeichnungen vom Boden auf und fragte, ob er sie haben könnte. Ein paar Jahre später führte sein Schwager mich durch Cys Villa in Bassano nördlich von Rom. Im Schlafzimmer hingen neben seinem Bett meine beiden Zeichnungen in wunderschönen italienischen Rahmen aus dem 16. Jahrhundert. Ist das Freundschaft? Ich würde sagen ja. Zwischen zwei Künstlern kann es einen Grad der Zuneigung und Verbundenheit geben, den Aktienhändler oder Versicherungsmakler nie kennenlernen werden. Zu der Freundschaft mit dem Künstler kommt nämlich die Freundschaft mit seinen Bildern.

ZWEITES KAPITEL

das von Martin Walsers Besuch bei Kafkas letzter Liebe handelt, Andy Warhols Treffen mit Muhammad Ali schildert, Bob Dylan beim Verführen eines deutschen Groupies zeigt, vor Augen führt, wie Ulrike Meinhof in einer leer stehenden Villa auf Sylt A Whiter Shade of Pale von Procol Harum in einer Endlosschleife hört, Anjelica Huston erklären lässt, was Jack Nicholson unter einem »Mitleidsfick« versteht, und in dem ein berühmter Dichter heimlich in ein Badezimmer schleicht, um herauszufinden, welche Präservativmarke Fritz J. Raddatz benutzt.

MARTIN WALSER, Schriftsteller: Komischerweise habe ich noch nie eine Biografie über einen Schriftsteller gelesen. Es hat mich nie interessiert, was der wirkliche Faulkner gedacht und gemacht hat, als er *Licht im August* geschrieben hat, ein Buch, das ich verschlungen habe. Ich kenne keinen Lebenstag von Dostojewski – und bin zu Hause in seinen Figuren. Als Jörg Magenau eine sechshundert Seiten lange Biografie über mich geschrieben hatte, musste ich sie lesen, weil ich mich dazu verhalten sollte. Ich habe ihm dann geschrieben: Das bin zwar nicht ich, aber ich habe nichts dagegen. Das weiß ich nun wirklich, dass, wer über Goethe schreibt, über sich schreibt. Sonst wäre das lächerlich. Ich habe seriöse Versäumnisse erfahren müssen, weil mich bei Autoren das Biografische nicht interessiert. Ich habe fünf Jahre lang Kafka gelesen und dann eine Dissertation über seine Romane geschrieben. Danach war ich Radioreporter beim Süddeutschen Rundfunk und wurde 1952 nach England geschickt, um ein Feature zu machen. Ein Londoner Kollege wusste, dass ich über Kafka promoviert hatte, und machte mir von sich aus ein Date mit Dora Diamant, der letzten Beziehung von Kafka. Ich wusste natürlich, dass Kafka sie bei seinem zweiwöchigen Aufenthalt in einem Quartier für jüdische Erholungssuchende an der Ostsee kennengelernt hatte. Er ging an ihr vorbei, als sie gerade Fisch schuppte. Da hat er gesagt und ins Tagebuch geschrieben: »Solch zarte Hände und solch eine blutige Arbeit.« Das kannte ich alles auswendig, aber anstandshalber musste ich diese Frau im düstersten Chelsea besuchen. Sie lebte in einem Mietshaus, die Gegend war schwarz, lichtlos, neunzehntes Jahrhundert, vielleicht Gaslaternen. Ich läute. Da kommt ein Mädchen, das ein bisschen überernährt aussah, und führt mich zur Mutter. Schlafzimmer. Da sitzt ganz steil, durch noch und noch Kissen unterstützt, Dora Diamant im schummrigen Licht eines Nachttischlämpchens. Ein Stuhl am Bett. Ich nehme Platz. Sie wusste Bescheid, wer da kommt, und greift ziemlich schnell hinter eines dieser Kissen in ihrem Rücken und holt ein Wachstuchheft hervor, wie man es als Kafka-Leser von ihm kennt. Meine Neugier voraussetzend und offenbar mit ihr einverstanden, fängt sie an, ihre Erinnerungen an Franz Kafka vorzulesen. Bei mir fällt in der Seele eine Klappe, weil es Aufzeichnungen waren wie über einen Religionsstifter. Diese zum Messias veredelte Figur hatte mit dem Kafka, über den ich fünf Jahre lang gearbeitet hatte, nichts zu tun. Ich habe mich ehestens verabschiedet und bin zurück in den hellsten Piccadilly Circus, um in die lächerlichste Operette zu gehen. Ein halbes Jahr später starb Dora Diamant. Im Laufe der Jahrzehnte habe ich gemerkt, was ich durch meine Flucht versäumt habe. Ich Vollidiot! Die letzte Frau in Kafkas Leben! Ich hätte sie doch etwas fragen können, anstatt mir diese Pseudo-Religionsstiftereien anzuhören. Aber dazu war ich nicht imstande. Ich glaubte, den Romanen von Kafka ist nichts hinzuzufügen. Das hat etwas mit meinem unbrechbaren Glauben an die Literatur zu tun. Ich war von Karl May an immer ein Leser und bin es geblieben. Als zwölfjähriger Bub von meinem Dachbodenfenster hinüber ins Rheintal schauend, habe ich die

Hölderlin-Hymne auf das Rheintal gelesen. Diese Faszination hat nie aufgehört. Das ist keine andere Qualität als das Weihnachtsevangelium oder das Kommunistische Manifest. Das sind Texte zur Erlösung in diesem Jammertal. Seit damals hat sich bei mir die Einbildung verfestigt, dass nichts genauer, mitteilungskräftiger sein kann als Literatur. Und deswegen sage ich: Lebenslauf ja, aber als Roman. Schreiben ist ein Entblößungs-Verbergungsspiel. Das ist meine Ideologie.

RUTH KLÜGER, Schriftstellerin und KZ-Überlebende: Nach einem Notabitur wurde ich 1946 mit gerade mal fünfzehn Jahren Studentin der Philosophisch-theologischen Hochschule Regensburg. In den Hörsälen begegnete mir ein Zwanzigjähriger in Jackett und Krawatte, der sich mit mir zu Spaziergängen und Theaterbesuchen verabredete. Es war Martin Walser. Er war schon eindrucksvoll, und ich versuchte natürlich, ihn zu beeindrucken. Er war für mich der Inbegriff des germanischen Nachkriegsintellektuellen, und seine Aufmerksamkeit schmeichelte mir. Sein Ding war Kafka, damals noch fast ein Geheimtipp. Dessen Erzählungen ließen uns nicht mehr los. Wenn ich ihm Briefe schrieb, ging es ihm um seine Antworten. Er wollte Sätze zusammenbringen. Darum geht es ja bei Schriftstellern, und er übte, einer zu sein. Das Objekt, an dem er praktizierte, war ihm weniger wichtig. Keine Ahnung, ob ich in ihn verliebt war. Ich fand ihn ungeheuer interessant, aber ich kann mir nicht vorstellen, dass ich damals in einen Deutschen verliebt gewesen wäre. Das wäre schon vom Aussehen her nicht gegangen. Ich kann nicht sagen, dass ich Deutsche abstoßend fand, aber es war an der Grenze. Einer, der so deutsch aussieht wie Walser, war mir auf jeden Fall nicht geheuer. Er war ja sehr fesch. Er hat so ausgeschaut wie der junge Jakob Augstein.

Der Martin hat mich nie nach meinen Erlebnissen in Auschwitz gefragt. Das ist das Verdrängen seiner ganzen Generation. Ich bin mit dieser Auschwitz-Nummer rumgelaufen und trug im Sommer öfter kurzärmlige Blusen. Da hätte er mich doch ausfragen können, was meine Erfahrungen waren. Einmal fanden wir am Wegrand ein Abzeichen der NSDAP. Er glaubte, ich sei erschrocken. Als wäre es so leicht, mich zu schrecken. Es war sehr, sehr schwierig für mich, ihm etwas über Auschwitz zu sagen, ohne weinerlich zu klingen. Und er sollte nicht denken, dass ich ihm eine Schuld aufbürden will oder kann. Es war sowieso schon eine schwierige Annäherung: jemand wie ich und jemand wie er, nach dem Krieg. Da war eine Mauer, die beide nicht überschreiten konnten oder wollten. Deshalb haben wir uns lieber in literarische Gespräche vertieft. Als er 2002 *Tod eines Kritikers* veröffentlichte, war Schluss mit uns, rettungslos und auf immer. Ich halte den Roman für bösartig und antisemitisch. Die Figur des Kritikers schöpft aus bitteren, bösen Quellen und fördert das eventuelle Vorurteil des Lesers. Das hätte im Post-Holocaust-Zeitalter nicht vorkommen sollen. Der Martin hängt mir schon nach, aber das ist nicht mehr zu lösen. Man kann ja gar nicht mit ihm diskutieren, weil er ein

Verdrängungskünstler ist. Widerspricht man ihm, unterbricht er einen und schmiedet wunderschöne Sätze, denen nicht zu widersprechen ist.

HANNA SCHYGULLA, Schauspielerin: 1985 steckte ich in Jerusalem einen Zettel in die Klagemauer. Mein Wunsch war ein Kind. Für mich wäre damals jedes Kind ein Wunschkind gewesen, aber das wirkliche Wunschkind wäre von Jean-Claude Carrière gewesen. Ich bewunderte ihn wegen der Drehbücher, die er für Luis Buñuel, Miloš Forman, Louis Malle und Jean-Luc Godard geschrieben hatte. Als wir uns 1981 in Paris begegneten, war es Liebe auf den ersten Blick, und es folgten dreizehn Jahre Eros. Den Jüngling Jean-Claude hatten großzügige Huren mit Vergnügen in diese Kunst eingeweiht. Er war der Mann meines Lebens und der Grund, dass ich nach Paris zog. Seine überbordende Kreativität nahm einem den Atem, und er sagte so schlicht-schöne Sätze zu mir wie: »Ich schaue dir gern beim Leben zu.«

Jean-Claude war verheiratet und Vater einer Tochter, deshalb suchten wir uns ein Liebesnest hoch oben auf dem Montmartre. Ich hatte meine Wohnung, er sein Haus und seine Frau. Die beiden kannten sich seit frühester Kindheit, und nach ihm zu schließen war die Ehe schon lange ein brüderlich-schwesterliches Verhältnis. Jean-Claude ist ein Südfranzose: Wie es war, war für ihn wunderbar. Und ich dachte, das mit uns könnte ein Leben lang halten, und wünschte mir ein Kind von ihm. Aber er wollte nicht. Er ist ein toller Schriftsteller und macht dauernd Kinder – geistige. Er sagte: »Wenn du ein Kind von mir kriegst, bist du mir halb verloren. Wenn du keins kriegst, bist du mir auch halb verloren. Ich bin ein armer Mann.«

Wenn ich Kindern zuschaute, spürte er, ich war von ihnen stärker fasziniert als von Erwachsenen. Er war immer überzeugt, ich bin diejenige, die geht. Es kam dann umgekehrt. Jean-Claude verließ mich wegen einer Jüngeren und wurde mit zweiundsiebzig noch mal Vater. Als er mir die Wahrheit einträufelte, saßen wir in dem Lokal, das Sie sehen, wenn Sie bei mir aus dem Fenster schauen. Das Treffen hat nicht mehr als drei Minuten gedauert. Ich wusste, entweder folgt ein bitterer Geschmack für immer, oder ich hole die letzte Süße aus mir heraus. Das Zweite hat dann die Oberhand gehabt. Es hat mich glücklich gemacht, dass ich zu dieser Geste fähig war. Als Zeichen meiner Trauer schickte ich Jean-Claude immer wieder kommentarlos die gleiche Postkarte: ein Auge, aus dem Wasser quoll. Als letzte Karte bekam er das Auge mit der Kunstträne von Man Ray.

Die Neue hatte auf einem Kind beharrt, während ich nicht darauf beharrt hatte. Später fragte Jean-Claude manchmal, warum ich denn nicht hartnäckiger gewesen sei oder gegen seinen Willen ein Kind von ihm bekommen hätte. Aber das bin ich nicht. Ich hatte auch Angst: Was, wenn irgendwas mit dem Kind ist? Der neuen Freundin von Jean-Claude bot ich an, eine Art Patenmutter zu werden. Es wäre wunderbar für mich gewesen, ein Kind aufwachsen zu sehen. Ich bin viel hingegangen zu der Kleinen. Ihre Mutter gab sich Mühe, freundlich zu sein, aber es blieb Getue. Vielleicht dachte sie, ich will den Vater zurückerobern. Ich zog dann Leine. Heute habe ich zu Jean-Claude nur noch Kontakt, wenn es um Berufliches geht. Seit der Zeit mit ihm lebe ich allein. Die Männer spüren, ich finde es schöner, sich gegenseitig zu besuchen, als unter einem Dach zu leben. Die Männer, die mich gehabt haben, haben mich nie ganz gehabt, und ich wollte sie auch nicht ganz haben. Ich bin gern allein und brauche es, sich immer wieder fremd zu werden. Zusammensein ist für mich die Unterbrechung im Alleinsein. Vielleicht wird man zum Einzelgänger geboren.

ALEXANDER MCQUEEN, Modedesigner: Mein Vater fuhr Taxi und hatte acht Kinder. Ich kotze, wenn ich jemanden sagen höre, man müsse junge Talente durch Förderung ermutigen. Brauchte van Gogh jemanden, der ihn ermutigte zu malen? Mit sechzehn wurde ich Schneiderlehrling bei Anderson & Shepherd in der Savile Row in London. Der Laden war stinklangweilig und schwulenfeindlich, und mit meinem Cockney-Slang war ich für alle der vulgäre Proll. Zu unseren Kunden gehörten Michail Gorbatschow und der Prince of Wales. Diese Pappnase von Prinz! Wenn ich ein Jackett für ihn schneidern sollte, schrieb ich heimlich auf die Innenseite des Futters: »McQueen was here«. Hatte ich einen schlechten Tag, schrieb ich: »Prince Charles is a bloody cunt!«

WOLFGANG JOOP, Modedesigner: Moderedakteurinnen sehen kollektiv schlecht gevögelt aus. Schauen Sie sich doch nur deren Look an: Trauerkluft mit Sonnenbrille. Dieser Beruf erzieht zu Boshaftigkeit, Missgunst und Frustration. Wenn Königshäuser wie Chanel einladen, merken die Damen natürlich, sie selbst haben gar nicht das Geld für diesen pompösen Lifestyle. Diese selbst ernannten Geschmacksschiedsrichterinnen haben doch früher bloß die Kleiderkammer verwaltet. Und dann sehen sie dauernd diese hübschen Models, denen sie berufshalber auch noch Puderzucker in den Arsch blasen müssen. In Wahrheit freuen sich diese Nattern natürlich diebisch, wenn eins dieser Mädchen wieder out ist. Dann sitzen sie mit Karl Lagerfeld um die Guillotine herum und triumphieren: »Hah, die ist endlich auch weg vom Fenster!« Das ist ein Schandkarussell, das nie zum Stillstand kommen darf. Und nebenbei gesagt, so viele Heteros gibt es in diesem Metier ja nicht, und die wenigen, die es gibt, fragen sich: »Welche von diesen Modetanten soll man denn vögeln wollen? Und vor allem: warum?«

KARL LAGERFELD, Modedesigner: Je mehr ich arbeite, desto besser sind meine Ideen. Das putscht sich hoch wie bei einer Nymphomanin, die unfähig ist, einen Orgasmus zu kriegen. Wolfgang Joop sollte mehr arbeiten und weniger über mich reden. Ich scheine eine Obsession für ihn zu sein. Dabei habe ich gar nichts gegen den Jungen. Ich habe ihn zwar mal als Flohzirkusdirektor bezeichnet, aber das hatte auch seinen Grund. Den habe ich aber leider nicht mehr parat. Ich vergesse so schnell, dass ich im Nachhinein gar nicht mehr weiß, warum ich mit Leuten verkracht bin. Die Gleichgültigkeit wächst an mir hoch wie Efeu. Das ist auch gut so, denn nur gewöhnliche Leute ärgern sich. Das Wort Vergebung gehört dennoch nicht zu meinem Wortschatz. Das Ideal meiner Lebensauffassung verkörpert Kriemhilde. Als in Frankreich ein Buch mit niederträchtigen Behauptungen über mich erschien, ließ ich mich von meinem Chauffeur zu den führenden Buchhandlungen in Paris fahren. Ich kaufte alle vorhandenen Exemplare auf und warf sie vor den Läden in die Mülltonne. Beim Rausgehen rief ich: »Übrigens, wenn Sie diesen elenden Schmutz nachbestellen, kaufe ich nie wieder bei Ihnen!«

KEN FOLLETT, Bestsellerautor: Billy Wilder erzählte mir, es vergehe keine Nacht, in der er nicht seine alten Filme im Kopf umschneide. Auch mich verfolgen die Fehler in meinen Romanen bis in den Schlaf. Meine peinlichste Blamage finden Sie in meinem berühmt gewordenen Thriller *Die Nadel.* Dort verliert ein Mann bei einem Autounfall beide Beine. Ein paar Szenen später heißt es, er wärme seine Füße am Kaminfeuer. In meinem Roman *Der Mann aus Sankt Petersburg* essen zwei Herren im London des Jahres 1913 Schwarzwälder Kirschtorte. Die gab es in England leider erst vierzig Jahre später zu kaufen.

PAUL BOWLES, Schriftsteller: 1951 erschoss William S. Burroughs versehentlich seine Frau, als er volltrunken die Apfelszene aus Schillers *Wilhelm Tell* nachstellte. Ein paar Jahre später übersiedelte er nach Tanger, wo ich seit 1947 lebte. Die Marokkaner nannten ihn *el hombre invisible*, weil er fast nie sein Hotelzimmer verließ. Er lag auf seinem Bett, spritzte sich Heroin in die Venen und schoss mit seiner Pistole auf Fliegen. Die Wände waren mit Einschusslöchern übersät. Ich fragte ihn: »Was soll das?« Seine Antwort war: »Es ist eine gute Übung fürs Schreiben.« Er tippte Seite für Seite in die Maschine, ohne sich am nächsten Tag an den Inhalt erinnern zu können. Hunderte gelber Seiten lagen monatelang auf dem Boden herum, mit Schuhabdrücken drauf, Rattenmist, Krümeln von alten Sandwiches und Sardinenresten. Ich fragte: »Bill, hast du wenigstens eine Kopie der Seiten?« »Nein.« »Warum hebst du die Seiten nicht auf?« Mit einem Candy-Riegel in der Hand antwortete er: »Ist doch egal, irgendwann wird sie schon jemand aufheben.« Dieser Jemand war dann ich. 1959 erschienen die Seiten unter dem Titel *Naked Lunch*.

ULLI LOMMEL, Schauspieler und Regisseur: Als ich 1980 den Horrorfilm *Boogeyman* drehte, wohnte ich im Tropicana in West Hollywood. Um Mitternacht versammelte sich am Hotelpool die Rock- und Drogenszene um William S. Burroughs, der in Nummer 34 wohnte. Mein Zimmer war gleichzeitig mein Schnittraum. Weil er immer wieder Todesschreie aus meinem Zimmer hörte, klopfte Burroughs an meine Tür und fragte, was ich da treibe. Mit seinem Hütchen und dem knittrigen Anzug sah er aus wie ein Provinzbuchhalter in den Fünfzigern. Er setzte sich an den Schneidetisch, kiffte und machte mir Vorschläge für den Schnitt. Dabei sagte er hundert Mal pro Minute »Fuck me!« oder »Fuck you!«. In den folgenden zwei Wochen war er der eigentliche Regisseur des Films. Die berühmt gewordene Szene, in der der Boogeyman seinem Opfer einen Grillspieß in den Hals stößt, verdanke ich ebenfalls ihm.

ANJELICA HUSTON, Schauspielerin, Tochter des Regisseurs John Huston: Ich hatte siebzehn Jahre lang eine On-off-Beziehung mit Jack Nicholson. Zwei Mal schlug ich ihm vor, zu heiraten und Kinder zu haben, aber meine Mädchenträume waren schnell dahin. Er gab sich nicht mal besondere Mühe zu verheimlichen, dass er mit anderen Frauen schlief. Auch meine Freundinnen waren für ihn nicht tabu. Wenn ich ihn weinend zur Rede stellte, hieß es: »Ach, das war doch bloß ein Mitleidsfick.« Manchmal fand ich bei uns ein Schmuckstück, das eine seiner Affären vergessen hatte. Wenn wir ausgingen, trug ich es, um zu sehen, ob jemand Anspruch darauf erheben würde. Ich wagte aber nie zu fragen, wie oft Jack fremdgeht, denn wer keine Fragen stellt, bekommt auch keine unliebsamen Antworten. Man kann seinem Herz nicht befehlen, mit dem Hoffen aufzuhören, vor allem, wenn man noch in den Zwanzigern ist. Als ich meinem Vater von Jacks Affären erzählte, sagte er mit genervtem Blick: »Hör auf zu heulen. Fremdvögeln ist doch völlig unwichtig. Männer machen so was halt, es bedeutet rein gar nichts. Warum nimmst du dir das so zu Herzen?« Für ihn gehörte Fremdgehen zur Natur des Mannes, und was in den Genen liege, verlange nun mal keine Entschuldigung. Meine Beziehung mit Jack endete, als Rebecca Broussard ein Kind von ihm erwartete. Zum Abschied bekam ich von Jack ein mit Perlen und Diamanten besetztes Armband, das Frank Sinatra einst Ava Gardner geschenkt hatte. Auf der Karte stand: »Dies sind Perlen von deinem Schwein.«

WOODY ALLEN, Regisseur: In meiner ersten Ehe führte jeder Streit zu einer grausamen Katastrophe, und hinterher liebten wir uns jedes Mal ein bisschen weniger. So wurde ein Meer zu einer Pfütze. Billy Wilder riet mir: »Gehe nicht gleich vor Wut durch die Decke, sondern lerne, mit Frauen zu streiten. Anfangs wirst du denken, du hättest es mit bösartigen Außerirdischen zu tun, aber irgendwann wirst du spüren, wie deine Wut langsam in sich zusammenfällt.« Trotzdem wüsste ich nicht, wie es gehen sollte, Frauen zu verstehen. Man kann sich doch noch nicht mal auf das Gegenteil von dem verlassen, was sie sagen.

LEANDER HAUSSMANN, Regisseur: Ich fragte Frank Castorf, wie er das hinbekomme mit den vielen Freundinnen gleichzeitig und den sieben Kindern von soundso viel Frauen. Er antwortete: »Weeste, Leander, ick lass et einfach loofen.« Mehr Lebensweisheit ist auf Erden nicht möglich.

JOACHIM KAISER, Kritiker: Der Lyriker Peter Rühmkorf wünschte seinen Kritikern flache Orgasmuskurven. Mehr an Racheakten erlebt man selten in meinem Beruf. Als ich siebenundzwanzig war, schickte man mir vier Lyrikbände von Johann Baptist Waas – ein furchtbarer Dreck, den ich fulminant verriss. Dreißig Jahre später bekomme ich einen mit zittriger Hand geschriebenen Brief von diesem Waas: »Herr Kaiser, Sie haben mein Leben zerstört. Aufgrund Ihrer Kritik ist nie mehr eine Zeile von mir veröffentlicht worden. Deshalb werde ich jetzt mit meiner Frau und meinem Hund aus dem Leben gehen.« Ich schrieb zurück: »Das ist eine Überreaktion, denn was kann Ihr Hund dafür?«

FRITZ J. RADDATZ, Feuilletonist: Es hat mich tief beleidigt, als Peter Rühmkorf in seinen Tagebüchern beschrieb, wie es in meinem Badezimmer aussieht. Er war Gast in meiner Wohnung, aber statt zum Pinkeln das Gästeklo zu benutzen, ist er mit Block und Bleistift in mein Badezimmer geschlichen und hat notiert, welche Hautcreme und Präservativmarke ich benutze. Widerliche Schlüssellochguckerei! Das ist, als hätte ich mit dem Zentimetermaß seinen Schwanz ausgemessen und das Ergebnis zwischen zwei Buchdeckeln veröffentlicht.

PETER RÜHMKORF, Lyriker: All meine Notizen schicke ich ans Literaturarchiv nach Marbach, denn jeder Autor möchte zu seiner Entzifferung beitragen. Gedichte sind keine Himmelsgeburt, die als großer Feuerball runterfallen.

Bei mir bestehen nur fünfundzwanzig Prozent eines Gedichts aus Sternschnuppen. Rilke bemühte sich sehr, aus dem Dichten ein Geheimnis zu machen. Es gibt von ihm die Zeile: »Wer weiß, wer mich genährt hat.« Rilkes Köchin würde sagen: »Ich!« Wenn ich mich trotz Müdigkeit in Gesellschaft begebe, ziehe ich vorher schon mal einen Joint durch. Es gibt aber auch Phasen der Furcht, wo ich denke: Gott, jetzt komme ich in diese graumäusige zugeknöpfte Gesellschaft und trete da ein als völlig verantwortungslose Quasselfigur.

GERT VOSS, Theaterschauspieler: Es gibt Rollen, für die ich mich am Vorabend heiser schreie, um bei der Vorstellung am nächsten Tag eine tiefere Stimme zu haben. Als meine Kollegin Hildegard Schmahl bei uns übernachtete, traute ich mich nicht, ihr zu sagen, ich müsse mich vor dem Zubettgehen noch heiser schreien. Das wäre so gewesen, als würde man sagen: »Du, ich muss immer onanieren, bevor ich diese Rolle spielen kann, also gehe ich jetzt mal auf mein Zimmer.« Ich verzog mich in den Schuppen hinterm Haus, weil ich dachte, da kann sie mich nicht hören. Plötzlich stand sie aber vor der Tür und rief: »Hallo? Wer ist denn da?« Ich hatte nicht mal die Courage, ihr den Vorgang zu erklären. Ich habe mich dann spät in der Nacht heiser geschrien – mit dem Ergebnis, dass die Hunde in der Nachbarschaft wie wahnsinnig zu bellen anfingen.

DIETER DORN, Theaterregisseur: Als ich meinen ersten Shakespeare an den Münchner Kammerspielen inszenierte, hörte ich von der Unterbühne eine leise, röchelnde Stimme: »Dieter, Dieter …« Ich muss sagen, in diesen Sekunden dachte ich wirklich, Shakespeare ruft mich, um mir zu sagen, ich sei meiner Regieaufgabe leider nicht gewachsen. In Wirklichkeit war es die Stimme des Schauspielers Claus Ebert, der einen Herzanfall hatte und mich zu Hilfe rufen wollte. Als die Rettungssanitäter eintrafen, stürzten sie sich auf die Schauspieler, die für ihren Auftritt mit blutigen Kratzern geschminkt waren. Claus Ebert haben sie nicht beachtet.

HELMUT BERGER, Schauspieler: 1971 lud mich Fürst Rainier zum Rotkreuz-Ball in den Sporting Club von Monaco ein. In der Herrentoilette zog ich mir schlechtes Kokain in die Nase. Als ich wieder am Tisch saß und leise pupsen wollte, rutschte mir Flüssiges raus. Meine weiße Smokinghose färbte sich braun, es stank fürchterlich. Caroline von Monaco wollte dringend mit mir tanzen, ich war aber zu keiner Etikette mehr fähig und bin einfach bis vier Uhr morgens in meiner Scheiße sitzen geblieben.

MARIO ADORF, Schauspieler: Helmut Berger meide ich seit vielen Jahren. Er brachte es fertig, von seinem Balkon auf den Frühstückstisch der Nachbarn unter ihm zu pinkeln. Wenn er bei mir zu Hause eingeladen war, blieb er immer gleich vierundzwanzig Stunden.

HANNELORE HOGER, Schauspielerin: Auf einer Premierenfeier wurde der Schauspieler Fiete Grill von einem Hamburger Politiker gefragt, ob er eine Kollegin empfehlen könne, die man umstandslos ins Bett bekomme. Grill antwortete mit raumfüllender Stimme: »Da kann ich Ihnen leider gar keine Auskunft geben, Herr Senator. Ich ficke nur in Ihren Kreisen.«

LUC BONDY, Theaterregisseur: Michel Piccoli ist der ideale Schauspieler für mich, weil sein Narzissmus noch größer ist als seine Eitelkeit. Ein Narzisst hat keine Scham. Er will alles von sich herzeigen, nicht nur die schönen Seiten. Eitle Menschen dagegen sparen an sich und wollen sich nicht preisgeben. Michel und ich lieben dumme, schweinische Witze. Es ist wunderbar, jemanden zu haben, mit dem man auch auf so niedrigem Niveau verkehren kann.

DAVID SCHALKO, Filmregisseur und Autor: Die Reise von Gérard Depardieu zu einer Preisverleihung in Los Angeles ging damit los, dass er es schaffte, in Paris ohne Reisepass und Flugticket an Bord eines Air-France-Flugzeugs zu kommen. Gebucht war Business-Class für ihn, aber Depardieu nahm in der First-Class Platz und soff dreizehn Stunden lang Champagner. Bei der Einreisekontrolle lief er ohne anzuhalten am Immigration-Officer vorbei. Niemand stoppte ihn und verlangte seinen Reisepass. Nachdem er im Hotel seine Minibar leer gesoffen hatte, klopfte er beim Produzenten des Films und rief: »Ich sauf jetzt deine Minibar leer, dafür rezitiere ich dir zwei Baudelaire-Gedichte.« Bei der Preisverleihung war ihm die Warteschlange der Limousinen zu lang. Statt wie vereinbart für die Fotografen über den Roten Teppich zu gehen, nahm er den Hintereingang und soff mit den Köchen. Trotz allem schaffte er es, rechtzeitig im Saal Platz zu nehmen. Als das Licht ausging, schlief er in der gleichen Sekunde ein.

MARTIN WALSER, Schriftsteller: Heinrich Böll sagte, eine schlimme Kritik, da bleibt er tagelang im Bett. Als ich das Anfang der Siebziger hörte, dachte ich: Das muss man sich leisten können, finanziell. Das konnte ich mir mit meinen Schulden nicht leisten. Ich musste immer gleich wieder unter die Leute. Peinlich.

HANS WERNER HENZE, Opernkomponist: Früher konnte mich eine schlechte Kritik ins Bett werfen. Heute ahme ich die unerschütterliche Arroganz der reich Geborenen nach. Niemand beleidigt mich mehr ohne meine Erlaubnis. Einmal wurde ich bei Fürst von Thurn und Taxis vorstellig, um Geld für die Münchner Biennale zu erbitten. Ich fuhr bei Regen und Sturm zu seiner Trutzburg, um am Ende von Seiner Herablassenden Hoheit keinen Pfennig zu bekommen. Bei Tisch gab es zwar das Spanische Hofzeremoniell, aber die sogenannte Dienerschaft bestand aus Holzfällern, die man als Lakaien verkleidet hatte, und im Kamin brannte nicht mal Feuer. Dieser geschminkten und gefärbten Durchlaucht verdankte ich nichts als einen unangenehmen grippalen Infekt.

UDO KIER, Schauspieler: Zu meinen Verehrern gehörten so unterschiedliche Männer wie David Hockney und Johannes Fürst von Thurn und Taxis. Johannes war ein großer Zyniker. Gestanden Gäste ihm Geldsorgen, ging er zum brennenden Kamin und warf scheinbar in Gedanken versunken Geldscheine hinein. Wenn er erster Klasse flog, kaufte er zuvor Herings- und Fleischsalat. An Bord füllte er die Salate heimlich in die Spucktüte der Fluggesellschaft und tat dann so, als würde er sich in die Tüte übergeben. Anschließend ließ er sich von der Stewardess ein Besteck reichen und verspeiste genüsslich den Inhalt der Tüte. Bei diesem Anblick fing die ganze erste Klasse an zu kotzen.

DAVID HOCKNEY, Künstler: Zu meinen Lebensfreunden gehörte Henry Geldzahler. Als Kurator für amerikanische Kunst des 20. Jahrhunderts am Metropolitan Museum of Art in New York war Henry ein mächtiger Mann. Er empfand ein frivoles Vergnügen dabei, Künstlern unbequeme Wahrheiten ins Gesicht zu schleudern. In den Siebzigern ließ er sich von Andy Warhol malen. Als Warhol das fertige Porträt übergab, warf Henry einen kurzen Blick darauf und gab es mit der Bemerkung zurück: »Andy, du hast etwas vergessen.« Der verdutzte Warhol fragte: »Was?« Henry antwortete: »Die Kunst!«

DIETER DORN, Theaterregisseur: Seltsamerweise ist es für einen Regisseur viel weniger schmerzhaft, einen Entrüstungssturm in einem voll besetzten Zuschauerraum zu erleben, als einen Verriss der eigenen Inszenierung zu lesen. Es ist wohl kulturell antrainiert, dass man denkt: Das steht da schwarz auf weiß geschrieben und bleibt, auch wenn du die Zeitung weglegst. Buh-Orkane sind ein Schock, Kritiken ein Leidensweg. Ein Bravo-Orkan ist übrigens auch nicht so ohne Weiteres wegzustecken. Soll man dann denken: Ja, das bin ich, ihr habt schon recht? Das konnte wohl nur Gustaf Gründgens. Nach einer Generalprobe wies er die Schauspieler an, wie die Applausordnung auszusehen hätte: »Zuerst kommst du, dann du, dann die anderen. Dann komme ich und winke, dass ihr jetzt alle noch mal dazukommt. Aber wehe, es kommt einer!«

ULLI LOMMEL, Schauspieler und Regisseur: 1977 zog ich nach New York und gehörte vier Jahre lang zum engsten Kreis von Andy Warhol. Er hatte meinen Film *Zärtlichkeit der Wölfe* gesehen und schlug vor, gemeinsam Filme zu drehen. Es war angenehm, mit Andy zu arbeiten. Mit seiner sanften, fördernden Art war er das genaue Gegenteil von Rainer Werner Fassbinder, der wie ein boshafter Despot Abhängigkeit und Unterdrückung züchtete. Wenn Andy jemanden mochte, verschaffte er ihm Kontakte und Publicity. Das tat Fassbinder nie. Unter seiner Sonne wuchs nichts. Die Parallele war, beide trennten Arbeit und Privatleben nicht. In der Factory wurde genauso geliebt, gestritten und gehasst wie in Fassbinders Kollektiv. Beide hatten keine Geduld und wollten alles nur einmal erleben, ohne Probe. Weil er sich irgendwann mit jedem zu langweilen begann, brauchte Andy regelmäßig eine neue *Soup du jour*. Mein Nachfolger war der Maler Jean-Michel Basquiat.

Ein Tag in der Factory lief immer gleich ab. Man traf sich vormittags um elf, um eins brachte ein Bote chinesisches Essen, um vier ging man schlafen. Gegen acht traf man sich in einem Restaurant zum Abendessen. Nach ein paar Drinks in einer Bar ging es um Mitternacht in den VIP-Room des Studio 54. Wenn sich nichts ergab, fuhr man um vier Uhr morgens nach Hause.

Dass sich die Leute um ihn rissen, kommentierte Andy mit dem Satz: »Ich bin das Loch in der Schallplatte: Selber bin ich nichts, aber alles dreht sich um mich.« Es war offensichtlich, dass Andy in Geld schwamm. Wenn er sich um drei Uhr morgens zu langweilen begann, schlug er vor, nach Texas zu fliegen, um Cowboystiefel zu kaufen. Oder es hieß, jetzt fliegen wir alle zum Baden nach Sanibel Island in Florida. Dann bestieg man ein Taxi und fuhr zum Flughafen. Die Cowboystiefel aus Krokodilleder, die mir Andy in Texas gekauft hat, trage ich heute noch.

1977 begleitete ich Andy ins Trainingslager des Schwergewichtweltmeisters Muhammad Ali. Das Treffen zwischen *The Greatest of all Times* und dem *Pope of Pop* ist in die Kunstgeschichte eingegangen. Andys Chauffeur, ein Haitianer in dunklem Anzug und Fliege, holte uns in einer weißen Cadillac-Stretchlimousine von der Factory ab. Ali residierte in einer Vierzehn-Zimmer-Villa in Pennsylvania, die ans Weiße Haus erinnerte. Die beiden redeten kein Wort miteinander. Es war, als treffen sich Panther und Löwe. Ali musterte Andy mit einem argwöhnischen Blick, der sagte: Was für ein dekadenter Vogel bist du denn? Beide waren Ikonen des Pop, aber da krachten zwei Welten aufeinander: Hier der unglaublich vitale, schwarze Macho in hellgrauer Trainingshose, da der Blasseste der Blassen in einem dunkelblauen Blazer mit Krawatte, tipptopp gewienerten Cowboystiefeln von Tony Lama und einer silbernen Langhaarperücke auf dem Kopf. Andy lächelte sein leicht verträumtes Warhol-Lächeln und nuckelte an einer Cola, Ali leerte in einem Zug eine Zwei-Liter-Flasche Mineralwasser.

Die Begegnung dauerte gerade mal dreißig Minuten, und Andy machte nur drei Polaroids, aber es ist unfassbar, was aus den Bildern wurde. Wir fuhren in die Factory zurück, wo Andy seinen Assistenten anwies, welche Farbkombinationen die Silk-Screens haben sollten. Am nächsten Vormittag brachte er in weniger als einer Minute ein paar Pinselstriche an. Das ging wie Fingerschnippen. Heute sind die Bilder dreihundert Millionen Dollar wert. Ein Lieblingssatz von Andy lautete: »Im Leben muss man Aufwand betreiben, in der Kunst nicht.«

Andy wurde von Biografen durchleuchtet wie kaum eine andere Figur des 20. Jahrhunderts. Trotzdem weiß kaum jemand, dass er eine Penissammlung hatte. Sie wird seit seinem Tod von der Warhol Foundation unter Verschluss gehalten. Wenn ein Prominenter in die Factory kam und die Stimmung nach ein paar Stunden übermütig wurde, fragte Andy den Gast, ob er ein Polaroid von dessen Penis machen dürfe. Wenn wir unter uns waren, legte er ein paar Polaroids auf den Tisch und ließ uns raten, welcher Penis zu wem gehörte. Seitdem weiß ich, wie die Penisse von Mick Jagger und David Bowie aussehen.

Andy sagte, Sex sei die Sehnsucht nach dem Sex, den man früher mal hatte. Ich sah ihn nie in einer intimen Situation mit einem Mann oder einer Frau. Er flirtete nicht und verhielt sich völlig asexuell, wie ein geschlechtsloser Extraterrestrischer, der von einem anderen Stern zu Besuch auf die Erde gekommen ist und gar nicht weiß, was Geschlechtsverkehr ist. Es gab auch niemanden in seinem Bekanntenkreis, der behauptete, Sex mit ihm zu haben. Für uns war er eine Sphinx ohne Körper. Bei einer Pressekonferenz zu *Cocaine Cowboys* wurde er gefragt, ob er den weltweiten Hype um seine Person erklären könne. Nach einer langen Pause sagte er mit seiner leisen, zerbrechlichen Stimme: »It's the Andy Warhol in you.«

GABRIELE HENKEL, Kunstsammlerin, Witwe des Waschmittel-Milliardärs Konrad Henkel: Warhol war sehr, sehr schüchtern und ungeheuer verklemmt. Ohne den schützenden Rahmen der Factory war er fast hilflos und zu keiner Äußerung fähig, die das Zuhören lohnte. Seine Eltern waren arme Bauern in den Karpaten gewesen, er selbst wuchs in Pittsburgh in Pennsylvania auf. Was kann man da schon an Kinderstube erwarten? Aus gutem Essen machte er sich überhaupt nichts. Er erzählte mir, seine Mutter habe oft Tomatenketchup mit heißem Wasser verdünnt, Salz und Pfeffer dazugetan und dann als Tomatensuppe serviert. Daraus könnte man eine Theorie ableiten, wie seine Campbell-Dosensuppen-Kunst entstanden ist.

DAVID HOCKNEY, Maler: Wenn Warhol auf Partys oder Vernissagen nach seiner Definition von Kunst gefragt wurde, antwortete er meist: »Art is an abbreviation for Arthur.«

KARL HEINZ BOHRER, Literaturwissenschaftler: Achtundsechzig begann mit den Partynächten von 1964, am frühesten in Hamburg. Das Zentrum kulturrevolutionärer Stimmung waren die ausschweifenden Intellektuellen-Partys im Hause des Hamburger Lyrikers Peter Rühmkorf, ein Mann von großem Prestige und ein ganz großer Unterhalter. Er war eng befreundet mit dem *konkret*-Herausgeber Klaus Rainer Röhl und dessen Frau Ulrike Meinhof. Die Partymusik kam von den Beatles und galt als revolutionär. Deshalb erschienen die Songtexte in rührender deutscher Übersetzung in *konkret*. Das Lied *Michelle* war das Startsignal, die Institution Ehe aufzukündigen und auf Frauenraub zu gehen. Ich war mit Ulrike Meinhof befreundet. Die ständigen Bosheiten und Affären ihres Mannes duldete sie still. Ich vermute wegen einer Mischung aus Stolz und Puritanismus. Einerseits war Ulrike keine Frau, die sich an ihrem Mann rächt, indem sie selbst ebenfalls fremdgeht. Andererseits lag in ihrem stoischen Ertragen seiner Affären ein Rettungsversuch ihrer Ehe. Je mehr sie versuchte, Röhls Mätzchen und Allüren zu übersehen, desto stärker hoffte sie als Mutter der beiden gemeinsamen Kinder, seine Kaspereien mögen ein Ende nehmen. Dass sie sich darin täuschte, hat sich ja dann herausgestellt. Zuletzt gesehen habe ich sie zwei Wochen vor der gewaltsamen Befreiung von Andreas Baader aus einem Berliner Gefängnis. Wir hatten ein langes Gespräch. Sie saß auf dem Boden, rauchte unzählige Zigaretten und schien am Ende ihrer Kräfte. Sie appellierte an etwas, das sie »die Notwendigkeit zu handeln« nannte, ohne dass mir klar wurde, was genau sie damit meinte.

INGE FELTRINELLI, Verlegerin: Mitte der Sechziger lernte ich auf Sylt Ulrike Meinhof und ihren Mann Klaus Rainer Röhl kennen. Die Villa, in der sie lebten, stand zum Verkauf. Außer ein paar Betten und einem Grammofon war sie leer. Es lief die ganze Zeit *A Whiter Shade of Pale* von Procol Harum. Röhl war maliziös und brutal und quälte seine Frau. Sie war eine große Utopistin und hatte einen glänzenden analytischen Verstand. Selbst der superkluge Rudolf Augstein fand sie toll. Wenn die beiden miteinander diskutierten, war sie ihm absolut ebenbürtig. Hätte Augstein ihr damals eine Kolumne im *Spiegel* gegeben, wäre sie statt Terroristin vielleicht die deutsche Simone de Beauvoir geworden. Aber er hatte wohl Angst vor ihrer Unbedingtheit.

MARCEL REICH-RANICKI, Kritiker: Ich war dreißig Jahre lang mit Walter Jens befreundet. Er wollte nie etwas über die SS und den brutalen Alltag im Warschauer Ghetto wissen. Stattdessen fragte er: »Wie stehst du eigentlich zu

Kleist?« Die erste Deutsche, die aufrichtig und ernsthaft wünschte, etwas über meine Erlebnisse im Ghetto zu hören, traf ich 1964 in Hamburg. Sie war Mitarbeiterin des Norddeutschen Rundfunks und führte ein Interview mit mir. Ihr Name war Ulrike Meinhof.

HELMUT BERGER, Schauspieler: Berühmt wurde ich mit drei Filmen, die ich mit Luchino Visconti gedreht habe: *Die Verdammten, Ludwig II.* und *Gewalt und Leidenschaft.* Als Luchino 1964 in Volterra eine Außenszene drehte, war ich einer der Schaulustigen. In diesen Minuten verguckte er sich in mich und machte mir danach wochenlang Geschenke. Ich hielt ihn aber hin, weil ich für ihn nicht nur ein *one night stand* sein sollte. Ich wollte ja schließlich zum Film. Wir waren dann zwölf Jahre zusammen. Zu Anfang war es für mich mehr ein Spiel, verliebt habe ich mich erst später. Das wurde dann sehr kompliziert. Wenn er sich zurückzog, geilte mich das auf. Buhlte er um mich, zog ich mich zurück. Es war immer eine Einbahnstraßenliebe.

Luchino hat mich schon ziemlich unterdrückt. Er war der strenge Zuchtmeister, von dem die Initiative fürs Bett ausging. Ich war das sich sträubende Weib und später die zickige Diva. Dass er achtunddreißig Jahre älter war als ich, baute mich auf. Seine Sicherheit wurde meine. Er liebte raffinierte Vorspiele, unter seinen Händen erlebte man die pure Geilheit. Gestört hat mich nur, dass er nie zärtlich zu mir war, wenn sein Personal anwesend war. Eine öffentliche Zurschaustellung unserer Ehe fand er unmöglich.

Ich habe Luchino mit dem Balletttänzer Rudolf Nurejew betrogen. Als er mitbekam, wie ich mit Nurejew am Telefon flirtete, raste er in mein Zimmer, ohrfeigte mich und schnitt das Telefonkabel durch. Als er dann auch noch mit Lampen nach mir schmiss, ließ ich von seinen Dienern meine Sachen packen und zog aus. Nurejew taugte aber nicht zur Vaterfigur. Außerdem gab es bei ihm keine frische Bettwäsche. In seinem Haus kam ich mir immer vor wie in Russland. Zwei Flaschen Wodka am Tag waren sein Minimum, und er aß immer diese riesigen Mengen Knoblauch.

Die Tragik meines Lebens ist, dass ich mit zweiunddreißig Witwe wurde. Luchino hieß ja eigentlich Conte Don Luchino Visconti di Modrone und gehörte zu einer der reichsten Familien Italiens. Weil er als überzeugter Marxist Geld verachtete, fand ich es auch irgendwann absolut normal, mir zehn Maßanzüge auf einmal machen zu lassen und einen Maserati zu fahren. Als er starb, war sein Testament auf einmal verschwunden. Deshalb habe ich nichts geerbt. Seine stockkonservative Familie rückte nur unser riesiges Messingbett raus – für sie das Symbol einer Schande.

ELLEN KESSLER, Tänzerin: Meine Schwester Alice und ich sind eineiige Zwillinge. Mit siebzehn haben wir uns zur gleichen Zeit von zwei ägyptischen Artisten entjungfern lassen. Es ist absurd, aber wir mussten immer alles synchron machen, wie beim Tanzen auf der Bühne. Zu unseren Freunden gehörte der Balletttänzer Rudolf Nurejew. Den Rudi haben wir bei Franco Zeffirelli in Positano kennengelernt. Bei einer Party wurde er versehentlich ausgesperrt. Weil ihn niemand vermisste, drehte er total durch. Aus Rache machte er auf die ersten zwölf Stufen zum Haus jeweils ein Häufchen. Das ist ein Kunststück gewesen. Im Salon schmiss er mit schmiedeeisernen Hockern, zertrümmerte antike Keramiken und riss die Vorhänge runter. Das war das Tartarische in ihm. Mir ist immer ein Rätsel geblieben, wie ein klassischer Tänzer, der schon mittags eine halbe Flasche Wodka drin hatte, auf der Bühne solche Leistungen bringt.

JUTTA WINKELMANN, Groupie: Gisela Getty und ich sind eineiige Zwillinge. Entjungferung, Scheidung, erster lesbischer Sex – alles geschah bei uns am selben Tag. Jede Erfahrung, die Gisela ohne mich macht, empfinde ich als Skandal und lebensgefährliche Bedrohung. Da es ihr umgekehrt auch so geht, machen wir fast alles simultan. Das Leben von eineiigen Zwillingen folgt einem biologischen Programm: Man kann nicht miteinander, aber eben auch nicht ohne einander. Sie ist ich. Man streitet sich zwanghaft und empfindet diese Quälgemeinschaft auch noch als Glück. Die innere Bindung ist so stark, weil wir beide ein halbes Ei sind, das sich nach der anderen Hälfte sehnt. Schon als Teenager schworen wir uns, Sex mit unserem Idol Bob Dylan zu haben. Anfang der Siebziger waren wir in Los Angeles auf einer Koksparty von Roger McGuinn, dem Sänger der Byrds. Als ich Bob Dylan vorgestellt wurde, sind wir sofort ineinander verschmolzen. Gisela wollte ihn aber auch haben. Dabei hatten wir verabredet, ich kriege ihn. Auf der

Toilette prügelten wir uns um ihn. Ich gewann. Um Mitternacht gingen Bob und ich in den Garten. Wir hielten uns an den Händen und guckten uns tief in die Augen. Er wollte wissen, was ich von Nietzsches Übermenschen halte, und sagte: »Du bist ein Kind Hitlers und ein heimlicher Judenmörder – du hattest nur keine Gelegenheit dazu.« Weil ich eine halbe LSD-Tablette genommen hatte, krochen auf einmal Visionen von Leichenbergen und deutschen Soldaten in mir hoch. Bob merkte, ich bin auf einem Trip, und wurde sehr einfühlsam. Zu mehr ist es deshalb leider nicht gekommen. Der Sex der Sixties war schwierig bis katastrophal, vor allem bei APO-Leuten. Es fehlte das Wissen, und letztlich waren wir alle schüchtern und verklemmt. Man hat was geraucht, sich noch ein bisschen angefasst, und das war es dann schon. Ich bezweifle auch, dass Uschi Obermaier guten Sex hatte. Als Groupie bediente sie die Männer bloß so, wie die das wollten. Ich kann heute noch mit geistiger Erotik mehr anfangen als mit dem Sexualakt. Ich mache mir nicht viel aus meiner Körperlichkeit. Rainer Langhans sagte zu mir: »Du warst immer nur gut bis zur Bettkante.« Ich finde, Sexualität wird als Ekstasetechnik überschätzt. Psychedelische Drogen sind viel besser.

GISELA GETTY, Groupie: Meine rauschhafteste Affäre hatte ich mit Dennis Hopper. Er war verrückt danach, meine Slips zu klauen und an ihnen zu riechen. Wir lebten in heiligem Wahnsinn. Ich war permanent ekstatisch, sicher auch der Drogen wegen. Dennis frühstückte mit Kokain und Tequila und flippte immer wieder aus. Manchmal holte er beim Sex eine Peitsche raus, um dann im nächsten Moment loszuflennen. Bei einem Dreier in einem Wüstenkaff in New Mexico schlug er einer Freundin von mir die Nase blutig und drohte, uns beide umzubringen. Er benahm sich wie der abgefuckte Antichrist und kam immer härter drauf. Mit Dynamitstangen legte er einen Kreis, hielt ein Feuerzeug an die Zündschnüre und setzte sich in die Mitte des Kreises. Durch die aufeinanderprallenden Explosionswellen flog er einen halben Meter in die Luft, ohne verletzt zu werden.

Aus meiner kurzen Ehe mit dem Schauspieler Rolf Zacher habe ich eine Tochter. Rolf wollte sie erst kennenlernen, als sie schon fast zwanzig war. In seinen Memoiren schreibt er, er hätte bei der ersten Umarmung mit ihr eine Erektion gehabt. Der hat sich den Kopf mit Drogen weggeballert. Da ist nicht mehr viel übrig.

ROLF ZACHER, Schauspieler: Ich habe in mehr als dreihundert Filmen mitgespielt. Auf Heroin war ich als Schauspieler großartig, nur etwas unberechenbar. Der Regisseur Roland Klick brüllte mich bei einem Dreh an: »Zeig beim Lachen doch endlich mal deine Zähne!« Als ich es tat, ist der Typ vor Ekel und Entsetzen zwei Meter zurückgewichen. Durch das Heroin hatte ich nur noch fünf vergilbte Vorderzähne, die auch noch schief standen und spitz wie Mäusezähnchen waren. Um diesen Anblick zu kaschieren, hatte ich mir antrainiert, beim Lachen die Hand vor den Mund zu halten.

Ich hatte in kurzer Folge Affären mit Iris Berben und Hannelore Elsner. Hannelore ist eine extrem sinnliche Vollfrau, die nichts von sich versteckt und sich ihre Liebhaber nimmt wie ich mir meine Frauen. Die Berben ist dagegen wie das Gefrierfach eines Kühlschranks.

FRANZ XAVER KROETZ, Dramatiker: Herbert Achternbusch sagt, ich sei eine Mischung aus beredtem Gartenzwerg und schweigendem Hitler. Das Bild hat was Wahres. Ich habe ganze Generationen von mir unangenehmen Menschen in den Orkus geschickt. Diese Hirnwut ist mein Kapital. Sie liegt in der Familie. Mein Vater hat getobt, dass die Fetzen geflogen sind. Danach war er beleidigt und redete vierzehn Tage nicht. Das hat mich an die Wand gedrückt. Hatte er seine beleidigten zwei Wochen, grub er im Garten Löcher für Obstbäumchen, die so riesig waren, dass er darin verschwunden ist wie ein Maulwurf. Der musste sich ausarbeiten, weil er diesen Frust beim Finanzamt nicht ertrug.

PETER ZADEK, Theaterregisseur: Ich gehe nicht mehr oft ins Theater, weil ich schon zu lange Regisseur bin. Der Komponist Luciano Berio erklärte mir, warum er nicht mehr in Konzerte geht: »Zeig mir die Partitur und den Namen des Dirigenten, und ich höre das Konzert in meinen Ohren.« Mir geht es so mit dem Theater. Als Kritiker, der sich den ganzen Scheiß auf deutschen Bühnen ansehen muss, würde ich mir eine Kugel in den Kopf schießen.

CLAUS PEYMANN, Theaterintendant und Regisseur: Zadek hat vom Theaterleiten keine Ahnung. Ich habe das Bochumer Schauspielhaus von ihm übernommen. Es war eine Bruchbude, leer gegrast wie die deutschen Armeen nach dem Russland-Feldzug. Zadek ist ein Zyniker, deshalb wirkt er intelligenter als ich. Ich bin Idealist, das macht mich so dämlich. Aber wer sich mit Zynismus wappnet, der erlebt nichts mehr.

Natürlich wird bei Theaterproben gelogen und tyrannisiert. Zadek arbeitet mit Liebesentzug und Erpressung, und der große Tadeusz Kantor verprügelte seine Schauspieler während der Vorstellung. Als ich ihn einmal nicht vom Flughafen abholte, beschimpfte er mich als Nazi. Warum auch nicht? Jede Verrücktheit und Qual ist zulässig, wenn am Ende ein großer Theaterabend entsteht.

GERT VOSS, Theaterschauspieler: Zadek lernte ich bei einem Vorstellungsgespräch in Hamburg kennen. Als ich abends um sieben an seiner Haustür klingelte, begrüßte mich seine Frau Elisabeth Plessen mit den Worten: »Der Peter badet noch. Setz dich schon mal ins Wohnzimmer.« An der Wand hing ein riesiges Poster von Arnold Schwarzenegger in *Conan der Barbar*. Dann kam Zadek. Er saß mir mit offenem Bademantel und in Unterhose gegenüber und sagte: »Liebling, was ist unser Problem?« Ich antwortete: »Wir wollten uns doch mal unterhalten.« Darauf er: »Na, dann fang mal an, uns zu unterhalten.« Unsere erste Zusammenarbeit war *Die Herzogin von Malfi*. Bei den Proben kam ich mir wie ein Binnenschiffer vor, der zum ersten Mal auf den Atlantik hinausfährt. Das war umso grotesker, weil ich einen Herzog zu spielen hatte, der ein funkelnder Abgrund von Bösartigkeit, Selbstverliebtheit, Sadismus und Wahnsinn ist. Zwei Wochen ließ Zadek mich scheinbar in Ruhe, dann kam er auf die Bühne, legte seinen Arm um mich und sagte: »Hast du Angst vor mir? Ich glaube dir nicht, dass du so bescheiden und so nett bist. Jeder hat in sich eine sadistische Sau. Stell dich mal drei Minuten an die Rampe und sei der Klaus Maria Brandauer. Spiel den tollsten Mann der Welt, bis die Leute anfangen zu applaudieren. Du bist in diesem Kinderheim beim Peymann groß geworden. Diese nette Umgangsart musst du verlernen. Der Peymann ist auch ein Schwein und böse.« Ich stellte mich als perverser Narziss an die Rampe und erlebte, wie drei Minuten zu einer Ewigkeit wurden. Ich kam mir vor wie eine Prostituierte. Es war die tiefste Erniedrigung meines Lebens. Mich kotzte dieser Beruf an, aber Zadek sagte, er hätte zum ersten Mal etwas sehr Aufregendes an mir gesehen. Er schlägt einem die Haltegriffe aus der Hand. Weil bei ihm allein Wahrhaftigkeit zählt, geht er mit seinen Schauspielern in eine Art von Psychose hinein, die beide Seiten an ihre Grenzen bringt.

JOSEF BIERBICHLER, Schauspieler: Zadek ist eine richtige Sau und genießt es, Schauspieler mit dieser Eigenschaft zu traktieren. Sein Problem ist das aber nicht. Es ist das Problem von Schauspielern wie mir, die sich das gefallen lassen. Wegen meiner kleinbäuerlichen Herkunft produziere ich in ununterbrochener Folge Komplexe. Menschen mit intaktem Selbstwertgefühl werden nicht Schauspieler. Bei den Proben zu Tschechows *Kirschgarten* nötigte Zadek mich, einen Rittberger zu springen, weil er glaubte, das sei etwas Bauerntypisches und sähe irgendwie naturgeil aus. Seit meinem Sprung ist mein kleiner Zeh verkrüppelt. Die Verletzung war die Folge meiner Verkrampfung. Indem Zadek wusste, ich hatte jahrelang Kuhställe ausgemistet, zwang er mir eine Verhaltensstörung auf. Er macht das mit unglaublichem Raffinement und ist darin besser als jeder andere Regisseur. Der Peymann wird hysterisch und brüllt rum. Zadek dagegen genügt ein Satz, um zuzustechen. Du weißt nicht, wie du dich verteidigen sollst, weil sein Satz irgendwo auch stimmt. Ich hatte Angst vor ihm – und dafür hasste ich mich.

HANS NEUENFELS, Theater- und Opernregisseur: Ich war sehr, sehr intim mit Ulrich Wildgruber befreundet. Er bat mich um Hilfe, aber ich konnte seinen Selbstmord nicht verhindern. Auch die Kraft der Freundschaft war nicht groß genug, um Einfluss auf seinen Zustand zu gewinnen. Umgebracht hat ihn, dass er sich unerfolgreich fand, denn Zadek hatte ihn nicht den Hamlet spielen lassen. Abgesehen von seinen Herzproblemen war das für ihn der Zusammenbruch einer Welt. Er fand, seine Welt werde nicht mehr geachtet und geschätzt. Sein Freitod war eine Wutattacke. Er legte sich auf Sylt an den Strand und ließ sich von der einsetzenden Flut überspülen. Er konnte ja nicht schwimmen, das war seine Chance. Sich dem Meer zu übergeben, hatte shakespearehafte Züge. Für ihn war die Natur die einzige ebenbürtige und erlösende Partnerin. Er hat ja gedacht, er würde durch die Flut hinausgespült und nicht mehr gefunden werden. Weil eine Gegenströmung da war, trieb die Leiche aber zurück in den Sand. Jemand sah einen Schuh herausragen. So fand man ihn. Diese, wenn Sie so wollen, Inszenierung kam zustande, weil er in seiner Riesenverzweiflung nicht mehr rauskam aus seinem Handwerks- und Fantasiekreis. Anders als theaterhaft zu sterben wäre für ihn gar nicht denkbar gewesen. Schauspieler und Regisseure sind gefährdeter als Maler oder Schriftsteller. Ein Schriftsteller hat eine gewisse Übung darin, mit Einsamkeit und verzweifelten Zeiten umzugehen. Wir dagegen empfinden bei ausbleibendem Erfolg das Gefühl der Verlassenheit und des Nicht-mehr-Vorhandenseins so stark, dass es uns wie ein Schlag mit dem Hammer trifft.

CHRISTIAN THIELEMANN, Dirigent: In den letzten Minuten vor einem Auftritt denke ich oft, jetzt würde ich am liebsten weglaufen oder tot umfallen. Tschüss, ich kann das nicht, ich bin leider gerade gestorben. Der Magen dreht sich um, der ganze Körper revoltiert. Die Angst ist, nicht zu wissen, wann die Angst zuschlägt. Sie ist ein böses Tier, das einen aus dem Nichts anfällt. Bei einer wichtigen Aufführung wie dem Neujahrskonzert in Wien war ich entspannt, bei weniger wichtigen Aufführungen hämmerte eine Stimme in meinem Kopf: »Ich will nicht! Ich will nicht! Ich will nicht!« Die Überfälle der Angst sind nicht beherrschbar, weil sie keiner Logik folgen und deshalb unmöglich zu antizipieren sind. Das einzige Gegenmittel hat der späte Beethoven in einem Kanon formuliert, den er nach der Genesung von einer schweren Krankheit an seinen behandelnden Arzt schickte: »Doktor sperrt das Tor dem Tod, Note hilft auch aus der Not.« Dass einen Noten aus Nöten befreien können, merke ich, wenn ich mit dem Geiger Nikolaj Snaider arbeite. Er ist mein Bruder im Geiste, wir sind ein Fleisch und Blut. Ihn neben mir zu haben, beruhigt mich auf dem Podium. Das Gleiche gilt für die Sopranistin Renée Fleming. Wir haben verabredet, uns auf der Bühne fünf Sekunden lang in die Augen zu schauen – das ist lang –, dann atmen wir gemeinsam durch und fangen an. Im selben Moment ist das Nervositätstier besiegt.

HARALD SCHMIDT, Entertainer: Ich kam das erste Mal mit Luxus in Berührung, als ich bei der Milliardärswitwe Gabriele Henkel zu einer Feier eingeladen war. Ich wurde am Münchner Flughafen von einem Fahrer abgeholt und in ein Schloss der Familie in Tirol chauffiert. Den Lebensstil, der mich dort erwartete, kannte ich nicht. Am meisten überraschte mich, dass man die Gastgeberin erst mal gar nicht sah. Sie erschien erst Stunden später. Ich bin aufgewachsen mit: »Schön, dass ihr da seid. Kommt rein, wir haben schon Kaffee gemacht. Wie war die Fahrt? Ihr könnt das Bett haben, wir schlafen auf der Couch.«

GABRIELE HENKEL, Kunstsammlerin, Witwe des Waschmittel-Milliardärs Konrad Henkel: In seinen Memoiren zieht Fritz J. Raddatz auf zwanzig Seiten über mich her: Die Gästeliste sei mir wichtiger als die Gäste, und vor Gier nach Genuss käme ich nicht zum Genießen. Ich war beim Lesen wie vom Donner gerührt. Das war der Verrat einer Freundschaft, die Mitte der Sechziger begonnen hatte. Es gibt eine Sorte von Homosexuellen, die Frauen hassen – und er gehört zu dieser Sorte. Das hat ihn nicht gehindert, mir einen Heiratsantrag zu machen, auch wenn das alles nur Getue war. Er hatte die Vorstellung, wir verbringen unser Alter zusammen. Leider hat er keine Erziehung. Mein Großvater pflegte zu sagen: »Man kann aus einem Ochsen nichts anderes machen als Rindfleisch.« Als Raddatz in unser Familienhaus nach Kufstein kam, gab er seinen Smoking zum Aufbügeln ab. Das macht man nicht! Wir sind nicht in einem Schloss, und die drei Hausmädchen haben anderes zu tun, als den Smoking von Herrn Raddatz aufzubügeln. Es ist auch keine gute Kinderstube, in seinen Memoiren zu schreiben, der Vater hätte ihn gezwungen, mit elf Jahren mit seiner Stiefmutter zu schlafen. So etwas behält man besser für sich.

FRITZ J. RADDATZ, Feuilletonist: Mit Gabriele Henkel verband mich eine vierzigjährige Freundschaft. Sie endete, als Frau Henkel mir als Gastgeschenk zwei Geschirrhandtücher überreichte. Ich zog damals in eine neue Wohnung, ein großes Ereignis für mich, und hatte Menschen eingeladen, die ich für Freunde hielt. Natürlich bringt man dann nicht zwei Geschirrhandtücher mit. Frau Henkel nagt ja nicht am Hungertuch. Schenken heißt für mich, einen Menschen zu streicheln. Also bringt man entweder gar nichts mit oder etwas, was sich sehen lassen kann. Zwei Geschirrhandtücher würde man doch nicht mal seiner Putzfrau schenken, wenn die in die neue Zweizimmerwohnung gezogen ist.

PETER SCHMIDT, Produktgestalter: 1989 rief mich der Agent von Herbert von Karajan an. Er bat mich, am Wochenende nach Berlin zu kommen, Karajan erwarte mich nach der Vorstellung in seiner Suite im Kempinski. Als ich eintrat, saß Karajan in einem hellblauen Trainingsanzug auf einem Stuhl und entschuldigte sich, er könne mich wegen eines chronischen Rückenleidens nicht im Stehen begrüßen. Dann kam er sofort zur Sache: Er habe das falsche Image, dieses Problem müsse ich lösen. Er zeigte mir Fotos von sich und sagte: »Ich habe zu spät umgedacht. Dieser in göttliche Sphären entrückte Geisteskopf, das bin ich nicht, zu viel Pathos. Sie müssen mir helfen, die Kurve zu kriegen. Ich weiß alles über Sie. Sie fahren einen schwarzen Porsche 911 Targa, aber mein Porsche 959 ist schneller. Obwohl ich über achtzig bin, fahre ich auf der Autobahn immer noch Höchstgeschwindigkeit. Das Unschöne ist nur, man muss mich wegen meines kaputten Rückens ins Auto rein- und wieder rausheben.« Der charismatische Macht- und Willensmensch Karajan war in Wahrheit eine von Narzissmus, Megalomanie und ridiküler Darstellungssucht getriebene

Figur. Es war kein Geheimnis, dass er im Gesicht geliftet war und für Auftritte einen Coiffeur beschäftigte.

GOTTFRIED HELNWEIN, Künstler: Arno Breker interessierte mich, weil er Hitlers Lieblingsbildhauer war. Ich wollte jemanden kennenlernen, der im Faschismus ganz oben mit dabei war. Als ich ihm eine Fotoserie vorschlug, war er zuerst sehr misstrauisch, aber dann lud er mich in sein Atelier ein. Dort erzählte er mir, wie er Anfang der Dreißiger vom russischen Ministerpräsidenten Molotow kontaktiert wurde. Molotow lud ihn im Auftrag von Stalin nach Moskau ein, um dort den neuen sozialistischen Realismus zu begründen. Als Breker schon seine Koffer gepackt hatte, war Goebbels am Telefon: »Breker, der Führer möchte, dass Sie bleiben. Das Deutsche Reich braucht Sie!« Dann hat er wieder ausgepackt. Er hätte genauso gut Held der Sowjetunion werden können.

In Brekers Atelier fiel mir die heroisierende Büste eines beleibten Schwarzen auf, an dessen Militäruniform Fantasieorden prangten. Breker sagte, das sei der frühere Präsident der Elfenbeinküste. In den Sechzigern sei der Mann in seinem Atelier aufgetaucht und habe ihm den Arm um die Schulter gelegt: »Kommen Sie in mein Land, Breker, ich werde Ihr zweiter Hitler sein! Gestalten Sie mir die neue Hauptstadt. Im Zentrum entwerfen Sie ein Monument für mich, Thema: befreites Afrika.« Breker zeigte mir sein Gipsmodell der Hauptstadt. Im Zentrum war ein gigantischer Versammlungsplatz vorgesehen, in der Mitte eine kolossale

Statue: ein Schwarzer mit gesprengten Ketten und zerrissenem Hemd, der mit geballter Faust aufgewühlt gen Himmel blickt. Als ich Breker fragte, was aus seinem Utopia geworden sei, sagte er resigniert: »Der Präsident ist leider kurz darauf gestürzt worden.«

Ich habe Breker mehrfach gefragt, wie er zur sogenannten entarteten Kunst steht. Aber jedes Mal hieß es: »Warten Sie einen Moment, Herr Helnwein, ich verstehe Sie gerade nicht. Ich habe Probleme mit meinem Hörgerät.«

ANDRÉ HELLER, Künstler: Mit vierzehn legte ich mir Mutters Dior-Halstuch um und betrat das Wiener Künstlercafé Hawelka, in der Hand einen Gehstock mit Silberknauf, den ich kreisen ließ wie ein Revuekünstler. Ich sehnte mich nach einer anregenden Gesellschaft, und das Anregendste in Wien waren damals die Einwohner des Hawelka. Mir war klar, dass ich in diese Kirche des Geisteslebens nicht zögerlich und zaudernd wie ein Autogrammjäger eintreten durfte. Ich musste wenigstens so tun, als ob ich in diesem Biotop eine Lebensberechtigung habe. Und auf einmal saß ich fast jeden Abend bis Mitternacht zwischen lebenden Figuren, die aus dem Stoff waren, der mich interessierte: Friedrich Torberg, Hilde Spiel, Hans Weigel, Fritz Hundertwasser, Helmut Qualtinger, H.C. Artmann und Heimito von Doderer. Ich war ein fantasiedurchfluteter, hübscher Junge, viel hübscher, als ich damals dachte, und viele im Hawelka waren schwul. Die klügste Verhaltensweise schien mir das engagierte Zuhören zu sein. Alle Menschen, die spannend erzählen können, lieben begabte Zuhörer. Ich habe bedeutende Leute, die von ihrer Entourage schon abgefragt waren, noch einmal aus der Reserve gelockt, indem ich leidenschaftlich neugierig wissen wollte: »Haben Sie den Gustav Mahler noch persönlich gekannt?« Oder: »Hat der Joseph Roth eigentlich schöne Hände gehabt?« Und dann bin ich natürlich an manische Geschichtenerzähler geraten wie den Friedrich Torberg, der eine höchst amüsante kulturgeschichtliche Dauersprechplatte war. Ich erlebte einmal, wie die Geschichtengötter Torberg, Qualtinger und Peter Ustinov sich verbal in Grund und Boden duelliert haben. Das ging von Mitternacht bis um acht Uhr in der Früh. Ich dachte: Burli, Derartiges wirst du wahrscheinlich bis zu deinem Tod nie mehr erleben!

DRITTES KAPITEL

in dem von Ingeborg Bachmanns Liebesdesaster mit Max Frisch die Rede ist, Michael Jackson aufs Ehrloseste sein Wort bricht, Elton John mit Robbie Williams eine Modeboutique leer kauft, Orson Welles mit Marlon Brando verwechselt wird, David Bowie seinen Welthit Heroes komponiert, Martin Walser nach einem Verriss zum Psychiater geht, George Tabori mit Bertolt Brecht auf dem Fußboden einer Villa in Hollywood sitzt, Peter Sloterdijk den Philosophenkollegen Jürgen Habermas für einen verklemmten Neidhammel hält und sich an Bhagwans Fuck Lecture im Ashram in Poona erinnert und Donatella Versace von Kokainsucht und der Ermordung ihres Bruders erzählt.

HANS WERNER HENZE, Opernkomponist: Ich habe jahrelang mit Ingeborg Bachmann zusammengelebt. Sie hätte es gerngehabt, wenn ich sie geheiratet und Kinder mit ihr gezeugt hätte, aber wegen meiner Homosexualität fühlte ich mich von solcher Art Glück ausgeschlossen. An diesem tragischen Umstand habe ich dann immer komödiantisch rumgepult. Tröstlich war nur der Gedanke, dass die Kinder von überkandidelten Eltern selten gedeihen. Die Bachmann war dann mit Max Frisch zusammen. Ich fand, dieser Schweizer gab kaum den richtigen Partner ab für so eine elegante, elfenhafte Erscheinung wie Frau Dr. Bachmann. Für den Frisch war doch die miese Snackbar im Café de Paris in der Via Veneto in Rom schon der Gipfel des Mondänen. Ich erlebte ihn als einen rechten Widerling, der sich dann auch noch erlaubt hat, meine geliebte Freundin mit einer Jüngeren zu hintergehen. Immerfort musste er der Welt beweisen, er sei der Don Juan Nummer eins – ein Beweis, der einfach nicht gelingen wollte.

Wenn die Bachmann im Nachtzug von Rom nach Wien einen fremden Mann kennenlernte, dachte sie sich oft eine falsche Identität aus. Mal war sie eine züchtige Krankenschwester, dann wieder eine frivole Lebedame, bei der es nicht ausgeschlossen schien, einen schnellen *one night stand* zu haben. Der Bachmann gefielen richtige Kerle, Männer aus dem Volk. Ein großer Bewunderer von ihr war Henry Kissinger. Man lernte sich bei einer Tagung der Gruppe 47 in Harvard kennen. Als sie 1973 im römischen Spital Sant' Eugenio mit Brandverletzungen dritten Grades im Sterben lag, rief Kissinger jeden Abend aus Washington beim Chefarzt an und erkundigte sich nach ihrem Zustand. Eine Nachtschwester ließ mich heimlich zu der Bachmann in den Isolierraum. Es war ein Anblick der Vernichtung, von unvergesslichem Grauen. Ich bin laut schreiend hinausgestürzt.

ULLI LOMMEL, Schauspieler und Regisseur: Ingeborg Bachmann lernte ich in Berlin kennen, als der Produzent Wenzel Lüdecke in seiner Villa am Grunewaldsee eine Party zu Ehren von Rudolf Nurejew feierte. Eine Frau, die eine Beruhigungspille nach der anderen mit Sekt runterspülte, diskutierte mit mir über den Sinn des Lebens. Erst gegen Mitternacht klärte mich Hans Werner Henze auf, ich hätte mit einer berühmten Lyrikerin geredet, die gerade den Büchner-Preis gewonnen habe. Henze sagte: »Die Bachmann ist ein wenig lebensmüde. Kümmere dich um sie. Du kennst dich doch mit Frauen aus.« Ihre Beziehung mit Max Frisch war gerade zerbrochen, und sie wollte von mir wissen, wie Männer funktionieren. In den folgenden Wochen spazierten wir fast jeden Tag um den Grunewaldsee herum, anschließend fuhren wir mit dem Bus zu einem Chinesen an der Gedächtniskirche. Der Besitzer des Lokals war ein alter Mongole. Er aß immer die Essensreste seiner Gäste und rülpste und furzte dabei. Das war das Einzige, was die Bachmann zum Lachen bringen konnte.

JOACHIM KAISER, Kritiker: Ich habe wegen Kritiken Freunde verloren. Die Ingeborg Bachmann liebte mich sehr und ich sie auch. Als ich eine Novelle von ihr nicht besprach, deponierte sie einen Zettel in meinem Büro: »Dass du nicht mehr über mich schreibst, gehört zu den Schlägen, die ich mich gewöhnt habe, hinzunehmen.« Was soll man dazu sagen? Ich bin mit dem Martin Walser seit fast fünfzig Jahren per Du. Er hat einen lässlichen Fehler: Er ist tierisch kritikempfindlich. Er wollte mal in psychiatrische Behandlung, weil er dachte, er hält eine negative Kritik nicht aus. Gott sei Dank traf er auf einen vernünftigen Psychiater, der ihn ansah und sagte: »Damit müssen Sie schon selber fertig werden. Auf Wiedersehen!« Stellen Sie sich mal vor, Walser wäre auf ein Arschloch getroffen, das ihn in wer weiß was für eine seelische Geschichte reingezogen hätte. Wer auf der Couch sein Leben erzählt, verliert den Antrieb Romane zu schreiben.

PAUL NIZON, Schriftsteller: Als ich 1960 mit einem Stipendium nach Rom kam, lernte ich Max Frisch kennen. Er sprang heftig auf mich an und führte mich oft zu Essen und Gespräch in die Albaner Berge aus. Wir waren ziemlich eng, das muss man schon sagen. Er war fast fünfzig, ich dreißig, beinahe ein Vaterverhältnis. Er war bereits eine viel beanspruchte öffentliche Person, ich war die personifizierte Pause. Ich sehe ihn immer noch vor mir mit diesem Verhördenken und an seiner Pfeife ziehend, wie andere stottern. Er schrieb damals unter Hochdruck *Mein Name sei Gantenbein*, seinen Eifersuchtsroman über die Jahre mit Ingeborg

Bachmann, die sich für beide als fundamentales Unheil entpuppten.

Dass Frisch die Beziehung in einem Roman verarbeitete, empfand Bachmann als Missbrauch. Sie fühlte sich als Studienobjekt ausgeweidet und zu Blutwurst und Braten gemacht. Wenn ich die beiden zusammen erlebte, wirkte der arme Frisch jedes Mal sehr verspannt und gestresst. Manchmal machte er mir gegenüber Bemerkungen über seine krankhafte Eifersucht, der keine Bildung gewachsen sei.

Die Bachmann war wirklich kein Heimchen. Manchmal verschwand sie einfach mit dem Verleger Giangiacomo Feltrinelli oder gabelte auf der Straße irgendwelche Matrosen auf. Frisch schrieb über dieses Verhalten: »Ihre Freiheit gehörte zu ihrem Glanz. Die Eifersucht war der Preis von meiner Seite. Ich bezahlte ihn voll. Auf unserer Terrasse mit Blick über Rom schlief ich mit dem Gesicht in der eignen Kotze.«

Der halbe deutsche Literaturbetrieb war der Bachmann verfallen. Dabei war sie keine Schönheit, sondern wirkte eher wie ein kräftiges, robustes Bauernkind. Andererseits hatte sie diesen merkwürdig verhangenen Blick und konnte bei Lesungen ausfallen vor Sensibilität und Schwäche. Ich hatte schon damals den Verdacht, sie sei viel interessanter als Frisch. Den Schriftsteller Frisch fand ich nicht überwältigend. Ich konnte nicht begreifen, aufgrund welcher Vorzüge er dermaßen berühmt geworden war. Stilistisch und dramaturgisch konnte er schon was, aber dieses *Gantenbein*-Gewäsch mochte ich nicht. Da ist er auf manchen Seiten ein moralisierender Ratgeberonkel. Mir imponieren von ihm eigentlich nur *Der Mensch erscheint im Holozän* und, mit Abstrichen, das erste Tagebuch.

Frisch konnte mit seinem Machthabertum ein schrecklicher Bursche sein. Er wollte mich unbedingt adoptieren, um mich als exotische Vorführperson seinem Hof einzuverleiben. Er stellte mir sein Ferienhaus im Tessin zur Verfügung und lud mich ein, auf seine Kosten mit ihm nach Russland zu fahren. Ich wollte aber nicht in seiner Gunst und Abhängigkeit sein, weil ich überzeugt war, dass ich literarisch eine ganz andere Rangstufe innehatte als er.

Als mein Roman *Canto* erschien, schickte Frisch mir ein Telegramm: »canto gelesen und verstanden. Ich beglückwünsche sie und beneide sie um möglichkeiten.« Aber dann hat er stillschweigend zugeschaut, wie ich geschlachtet wurde. Das Monument Frisch, das sich mit der größten Leichtigkeit sämtlicher Medien bediente, hätte doch seine mächtige Stimme erheben können, wenn er das Buch wirklich als so vielverheißend empfand. Ich glaube, es kam ihm ganz zupass, dass ich da in meinem Größenwahn eins aufs Dach kriegte und in ein Jammertal des Nichterfolgs fiel. Er behauptete, ich hätte einmal gesagt: »Mir wird fast übel, wenn ich daran denke, wie viele Schriftsteller durch das Erscheinen meines *Canto* vernichtet werden.« Na ja, vielleicht habe ich das so gesagt. Jugend überspannt.

Ein herausragender Charakterzug von Frisch war der Neid. Er war nicht auf Erfolge neidisch, denn es gab kaum einen, der so viel Erfolg hatte wie er. Er neidete uns Jungen das Jungsein. In mir witterte er wohl dazu noch den genialischen Vertreter der Nachfolgegeneration.

Frisch hat vielen Leuten geholfen. Mir sagte er oft: »Wenn es dir mal geldmäßig schlecht geht, komm zu mir. Ich helfe dir.« Als ich eines Tages nicht mehr aus noch ein wusste, war es so weit. Da hat er mir als Überbrückung ein Jahr lang jeden Monat tausend Franken überweisen lassen. Aber meine Alimente für die Kinder waren über tausend Franken. In meiner ersten Zeit in Paris hat mir auch der Dürrenmatt finanziell geholfen. Ein gemeinsamer Freund war zu ihm hingegangen und hatte gesagt: »Der Nizon ist in einer kritischen Situation.« Dürrenmatt erwiderte: »Klar, da helfen wir doch.« Das Geld von ihm anzunehmen war leicht für mich, nicht nur, weil er im Geld schwamm, sondern weil ich ihn hoch schätzte.

Frisch schämte sich seiner Millionen. Er hatte viele Trabanten um sich geschart und viel kulturelles Gelichter. Und dann beschwerte er sich nach Restaurantbesuchen: »Am Schluss, wenn es ans Zahlen geht, schauen alle in die Luft, und ich muss zahlen.« Ist doch idiotisch, oder? Dann soll er halt nicht zahlen. Er war wirklich tief verstört durch das Geld, das er verdiente. Darum konnte er auch sagen: »Komm, wir gehen essen. Nimmst du auch Bratwurst mit Rösti?« Warum soll ich Bratwurst mit Rösti essen, wenn ein reicher Mann mich in ein fürstliches Lokal einlädt? Der Dürrenmatt sagte: »Fangen wir mit einem Fasan an.« Der richtete immer mit großer Kelle an.

Im Alter fuhr Frisch eine Jaguar-Limousine. Diesen Wagen hat er sich auch darum gekauft, weil sein Verleger Unseld den gleichen hatte.

Als der Schweizer Schriftsteller Jürg Federspiel vierzig wurde, gab Frisch ein Fest. Von den anwesenden Damen verlangte er zu bestimmen, welcher der eingeladenen Jungschriftsteller in welcher Reihenfolge sterben würde. Was er offenbar für ein amüsantes Gesellschaftsspiel hielt, war allen nur unendlich peinlich. Wir waren schließlich nicht als Testpersonen für seinen berühmten Fragebogen eingeladen. Man hätte auch nicht einfach sagen können: »Herr Frisch, aufhören!« Er konnte eine Gesellschaft unendlich lang nerven, wenn man nicht auf sein Thema einstieg. Er gab auch gern den Problem-Onkel. Es interessierte ihn fiebrig, Leute zu beraten, deren Beziehung am Bröckeln war. Unsere späteren Zusammenkünfte waren dann gekennzeichnet durch Verlegenheit und Künstlichkeit. Als ich von seinem Tod hörte, schämte ich mich für den Mangel an Gefühlen und Zuneigung. Vielleicht ist es auch purer Neid von mir, warum ich ihn so schlechtmache. Vielleicht kratzt mich sein brüllender Erfolg bis heute. Oder es ist die alte Vatermord-Geschichte, dass ich seinen Tod auch als Befreiung erlebte.

URSULA PRIESS, Heilpädagogin und Schriftstellerin, Tochter von Max Frisch: Max Frisch, das war der abwesende Vater mit dem großen Namen, den ich nicht Vater nennen mochte. Mit keinem Strauß Primeln und mit keiner aufregenden Kindergeschichte konnte ich ihn von seiner klappernden Schreibmaschine wegbekommen. Kommunikation war schwer, oder sie fand gar nicht erst statt, Nähe war nicht herstellbar. Er hörte nur halb zu, sein Blick ging durch mich hindurch, anderswohin. Ich, das Kind, stand für Fesseln, Verstrickung, Unfreiheit, die Vereitelung von Aufbruch. In *Montauk* schrieb er mit 64, über meine Geburt habe er sich nur meiner Mutter zuliebe gefreut. Das verletzte mich so tief, dass ich sechs Jahre lang kein Wort mehr mit ihm sprach. Meinen Mann stellte ich ihm erst ein Jahr nach der Hochzeit vor. Warum musste er mir mit seinen Büchern öffentlich mitteilen, wie er über mich denkt? Für seine Leser war ich die, die in seiner Gegenwart ungebleichte Schafswolle verarbeitet und ihm deutschen Rotwein anbietet. Bei jedem neuen Buch von ihm hatte ich Angst, ob ich drin vorkomme, ob es Kommentare über mich gibt, welches Bild er von mir zeichnet. Als er am Sterben war und schlafend vor mir lag, hatte ich immer noch Angst vor ihm. Noch lange nach seinem Tod war der Vater ein verminter Kontinent, den ich nicht betreten konnte.

Ich war sechzehn oder siebzehn, als er mir in Rom Ingeborg Bachmann vorstellte. Sie trat wie eine Contessa auf, ihre Lust an Herrschaftlichkeit war unübersehbar. Dagegen standen ihr leises Sprechen und ihr geheimnisvolles Lächeln. Ich mochte sie sehr. In *Montauk* schreibt der Vater, sie habe Schuhe gekauft »wie für einen Tausendfüßler«. In der Via Veneto ist sie mit mir Schuhe kaufen gegangen. In solchen Momenten wollte ich mit den beiden in Rom leben.

FRIEDRICH DÜRRENMATT, Schriftsteller: Max Frisch leidet unter der Schweiz und hat ein Feindverhältnis zu ihr. Das nimmt bei ihm gespenstische Züge an. Vor Jahren besuchte ich ihn in seinem Haus am rechten Ufer des Zürichsees, der sogenannten Goldküste. Er deutete auf die Villen in der Nachbarschaft und sagte: »Dort wohnen meine Feinde.« Ich leide nicht unter der Schweiz. Ich finde sie komisch. Es geht mir wie Karl Kraus mit Wien: Ich verlange von einem Land, dass es funktioniert – gemütlich bin ich selbst.

SIEGFRIED UNSELD, Suhrkamp-Verleger: Kritisiert ein Verleger den Titel eines eingereichten Manuskripts, fühlt er das Missfallen des Autors mauergleich aufsteigen. Eine Ausnahme war Max Frisch, der mit sich reden ließ. Er übergab mir ein Manuskript mit dem Titel *Lila oder Ich bin blind.* Ich sagte: »Max, also bitte!« Dann wurde daraus *Mein Name sei Gantenbein.*

WOLF WONDRATSCHEK, Schriftsteller: Ich gehöre zu den Autoren, die berühmter sind als ihr Werk. Das geht den besten so. Hemingway, Scott Fitzgerald, Pasolini: Ich bin, was diesen Ruhm betrifft, in guter Gesellschaft. Ich gehöre nicht zu den Autoren, die mit zunehmendem Alter ihre Romanfiguren interessanter finden als ihre Mitmenschen. Ich treffe immer wieder Menschen, die ich nicht interessanter machen könnte durch Kunst. Sie sind wie Sterne, die selbst das Licht der Sonne überstrahlen. Dafür bin ich dankbarer, als ich sagen kann. Der alte Max Frisch sagte, Erfahrungen mache er nur noch am Schreibtisch. Das ist weiter nichts als diese branchenübliche Trostlosigkeit, die sich so unendlich wichtig nimmt. Enttäuschte Menschen, denen der Sprit ausgeht.

PETER SLOTERDIJK, Philosoph: Als ich mit sechsunddreißig mein fast tausendseitiges Debütwerk *Kritik der zynischen Vernunft* veröffentlichte, schrieb ein Kritiker: »Als Schriftsteller ist Sloterdijk Schopenhauer ebenbürtig.« An dem Abend danach schläft man etwas tiefer als sonst. Je erfolgreicher das Buch wurde, desto mehr nahm zugleich die Feindseligkeit der Kollegen zu. So begann für mich die eigentliche Arbeit des öffentlichen Intellektuellen: sich durch Gegner nicht verzerren zu lassen. Jürgen Habermas konnte es nicht wirklich gut leiden, dass es auf dem Feld der Philosophie im Land eine nicht leicht einzuordnende neue Stimme gibt. Ihm wäre es lieber gewesen, Hans Magnus Enzensberger hätte die *Kritik der zynischen Vernunft* unter dem Pseudonym P. Sl. geschrieben, wie einen literarischen Scherz im Überformat. Dann hätte er keinen noch undefinierten Anwärter für das Amt eines öffentlichen Intellektuellen auf seinem Radarschirm positionieren müssen. Dass seine Haltung sich mit den Jahren vom Unbehagen zur Feindseligkeit entwickelte, ist eine Anekdote, die zur jüngeren Ideengeschichte der BRD rechnet.

DONATELLA VERSACE, Modedesignerin: In jeder Biografie gibt es ein Ereignis, das unser Lebensgefühl neu definiert. Danach ist alles anders, und die Vergangenheit verblasst. Dieses Ereignis war für mich die Ermordung meines Bruders Gianni am 15. Juli 1997 in Miami. Ich sollte den Leichnam identifizieren. Der Anblick meines toten Bruders verfolgt mich bis heute. Eine Kugel hatte seinen Nacken getroffen, die andere sein Gesicht. Seither quält mich ein wiederkehrender Albtraum: Während ich wenige Minuten vor Beginn einer Modenschau letzte Hand anlege, steht plötzlich mein Bruder vor mir und schreit auf mich ein: »Donatella, was sind das hier für hässliche Kleider? Das soll Versace sein? Wie kannst du alles vergessen haben, was ich dir beigebracht habe?« Dann wirft er die Kleiderständer um.

Gianni hat mich von klein auf als Versuchspuppe und Projektionsfläche benutzt. Als ich elf war, ließ er mein schwarzes Haar platinblond färben, weil ich aussehen sollte wie die Popsängerin Patty Pravo, damals ein Idol schwuler Italiener. Mein erster Gedanke beim Blick in den Spiegel war: So bist du! Endlich hast du dich gefunden! Blond sein heißt, von der Sonne liebkost zu werden und selber eine Sonne zu sein: stark, voll Energie, leuchtend, wärmend. Mit zwölf machte Gianni mich zu seiner engsten Vertrauten. Er schneiderte mir coole Lederminiröcke, nahm mich in Diskotheken mit und behandelte mich wie eine erwachsene Frau. Ich liebte seine Verrücktheiten und spürte die neidischen Blicke meiner Freundinnen, wenn wir spätabends zu einem Rockkonzert loszogen. Es war die glücklichste Zeit meines

Lebens. Ich fühlte mich wie eine Erwachsene, hatte aber den Zeithorizont eines Kindes und dachte, mein ganzes Leben wird so sein.

Giannis Schulzeugnisse waren lausig, meine sehr gut, und das, obwohl meine Mutter mich oft nicht zur Schule gehen ließ. Wenn ich morgens mit Cleopatra-Augen in die Küche kam, schrie sie: »So gehst du nicht vor die Tür! Entweder wäschst du die Schminke ab, oder du bleibst zu Hause!« Ich blieb stur und schloss mich in meinem Zimmer ein. Nach dem Abitur zog ich mit siebzehn zum Studieren nach Florenz und machte einen Abschluss in Literaturwissenschaft. Da ich eine sehr gute Studentin war, schlugen die Professoren mir eine Universitätskarriere vor. Ich hatte große Lust, Dozentin zu werden, aber Gianni lag mir in den Ohren, ich solle mit ihm Mode entwerfen. Er arbeitete als Autodidakt für die Firma Callaghan und war dabei, sich einen Namen zu machen. Er zeigte mir jeden seiner Entwürfe und wollte wissen, was ich anders machen würde. Mit zweiundzwanzig hatte er mich dann so weit. Ich ließ die Universität sausen und war fortan seine rechte und linke Hand. Als er die Firma Gianni Versace gründete, wurde ich diejenige, die sich traute, den Wahrheiten des Königs zu widersprechen. Er ärgerte sich, aber er hörte zu und hatte die Größe, seine Entscheidungen zu korrigieren.

Nach Giannis Tod wurden meine Haare blonder und blonder, mein Make-up dicker und dicker. Ich fühlte mich von aller Welt mit Nadelblicken beäugt und schuf eine Maske, hinter der ich Schutz suchte. Weil man unter Haifischen besser nicht blutet, sollte niemand sehen können, was ich durchmachte. Statt mir helfen zu lassen, zog ich mir jahrelang Kokain in die Nase.

ROBBIE WILLIAMS, Popsänger: Wenn Elton John einkaufen geht, gibt er an einem Tag bis zu achthunderttausend Euro aus. Einmal gingen wir in London in eine Modeboutique. Ich hielt mich für unglaublich verwegen und dekadent, als ich ein halbes Dutzend Anzüge kaufte. Dann war Elton dran. Dem Verkäufer sagte er nur: »Und ich nehme alles, was auf diesen drei Regalwänden ist. Einzupacken brauchen Sie nichts. Ich schicke einen Kleinlaster vorbei.«

In einem New Yorker Geschäft entdeckte ich einen Billardtisch für hunderttausend Dollar. Der Verkäufer erkannte mich nicht und dachte wohl, ein Typ wie ich kann sich so ein Angeberteil nie und nimmer leisten. Ich kaufte den Tisch nur, um diesem arroganten Wichser eine Lektion zu erteilen. Bei dem Preis des Tischs müsste ich eigentlich auch auf ihm schlafen. Ein paar Wochen später erfuhr ich, Sting hat den gleichen Tisch bei sich zu Hause. Das gab mir den Rest. Noch am selben Tag telefonierte ich rum, wer mir das Ding für die Hälfte abnimmt.

JANE GOODALL, Schimpansenforscherin: Der berühmteste Schimpanse der Welt wurde 1983 in einem biomedizinischen Versuchslabor in Texas geboren. Er hieß Bubbles und beherrschte später den Moonwalk, den berühmten Tanzschritt seines Besitzers Michael Jackson. Als ich hörte,

Jackson halte sich einen jungen Schimpansen als Spielkameraden und schaue mit ihm Filme, bat ich um ein Treffen. Er ließ mich mit einem Helikopter auf seine Neverland-Ranch einfliegen und begrüßte mich mit den Worten, ich fände es wahrscheinlich abscheulich, dass er Bubbles in Kostüme stecke und in einem Bett schlafen lasse. Ich erklärte ihm, Schimpansen seien vom Aussterben bedroht, er solle etwas für ihren Schutz tun. Er antwortete: »Okay, ich schreibe einen Song, den ich dir widmen werde, und mit einem Teil der Einnahmen unterstütze ich deine Arbeit.« Er bat mich, ihm Fotos und Videos von Tieren zu schicken, die in Versuchslaboren misshandelt werden. Er brauche diese Bilder, um beim Komponieren in eine dramatische Stimmung zu kommen. Den fertigen Song nannte er *Heal the World*. Er wurde ein Welthit und galt Jackson als Gipfelpunkt seines Schaffens. Auf dem Originalcover der CD steht, ich hätte ihn zu *Heal the World* inspiriert. Später wurde die Widmung gestrichen. Als ich fragte, wo die versprochene Unterstützung unserer Arbeit bleibe, rief mich sein Anwalt an und sagte mit eisiger Stimme: »Haben Sie etwas Schriftliches von Michael in der Hand? Wenn nicht, zahlen wir Ihnen keinen Cent. Bye, bye.«

ALEXANDER KLUGE, Schriftsteller und Filmemacher: Philip Roth schrieb über Verrisse, früher oder später komme für jeden Schriftsteller der aus zwei- oder drei- oder fünftausend Wörtern bestehende Peitschenhieb, an dem er nicht bloß die üblichen zweiundsiebzig Stunden, sondern sein

Leben lang zu würgen habe. Eine solche Wunde gibt es auch bei mir. Marcel Reich-Ranickis Besprechung meines Stalingrad-Buchs war ein Totalverriss. Das hätte mich nicht gerührt, weil ich ihn für einen Abteilungsleiter für Literatur halte. Es gab aber einen Druckfehler im Buch: Kaliningrad statt Kalinin. Kaliningrad ist Königsberg. Mein Lektor hatte den Druckfehler nicht bemerkt, ich auch nicht. Reich-Ranicki hat ihn natürlich sofort bemerkt, weil er mit Rotstift in der Hand auf Fehler liest wie ein richtig guter Oberlehrer. Ich habe mich sehr tief über mich geärgert, dass mir dieser Fehler passiert ist. Andererseits, wenn ein Buch von Druckfehlern abhängt, muss man keine Literatur schreiben.

MARCEL REICH-RANICKI, Kritiker: Deutlichkeit ist die Höflichkeit der Kritiker. Alle Rezensenten von Rang haben viel mehr getadelt als gelobt. Fontane hat unentwegt verrissen. Seine Theaterkritiken zeichnete er mit »Th. F.«. Das übersetzten die verrissenen Schauspieler mit »Theater-Fremdling«. So ähnlich ist es mit unseren Autoren. Die meisten verstehen von Literatur so viel wie Vögel von Ornithologie.

PETER HANDKE, Literaturnobelpreisträger: Reich-Ranicki meint, in meinem Buch *Mein Jahr in der Niemandsbucht* seien die gegen ihn gerichteten Passagen besonders schlecht geschrieben. Es ist aber nicht so, wie er das in seiner Affenpsychologie darstellt. Er hat einen Riecher für alles, aber da die große Literatur fast keinen Duft hat, hat er keine

Witterung für sie. Er hat ein ungeheures Maulwerk und verwechselt seine Plattheit mit Klarheit. Sowie bei ihm die Erkenntnis seiner Beschränktheit da wäre, wäre das schon eine Erweiterung, aber der Skandal ist, dass er so stolz auf seine Beschränktheit ist. Als *Das Gewicht der Welt* erschien, schrieb er – ich kann bei ihm das Wort *schreiben* nur in Anführungszeichen setzen: »Damit hat sich Handke aus der Literatur herausgeschrieben.« Da er keinen Verstand hat für subtile sucherische Bücher, hätte er über mein Buch nie etwas griffeln dürfen. Nie werde ich ihm auch nur das Kleinste verzeihen können. Es ist unsterblich, was ich in der *Lehre der Sainte-Victoire* über ihn geschrieben habe: »Ein paar getrocknete Haufen liegen herum von dem Hund.«

KARL HEINZ BOHRER, Literaturwissenschaftler: Als man mich als Literaturchef der *FAZ* feuerte, sagte ich in der großen Konferenz zu meinem Nachfolger: »Reich-Ranicki, Sie sind die Rache von Jud Süß am deutschen Bürgertum.« Ich vermute, er empfand diesen Satz nicht als Kompliment, obwohl er so gemeint war.

DANIEL KEHLMANN, Schriftsteller: Reich-Ranicki hat das Gesetz aufgestellt: »Je berühmter ein Schriftsteller, desto größer seine Gier nach Ruhm.« Noch eminenter sind aber die Ruhmverlustängste: Werde ich noch genug wahrgenommen? Den besten Schriftstellern gelingt es, die Frage der öffentlichen Selbstbestätigung als Problem abzuhaken und durch ihren Ruhm konzentrierter und abgeklärter zu werden. Einige von denen habe ich erleben dürfen, Michael Ondaatje zum Beispiel. Der Erfolgreiche und der Erfolglose entwickeln ihre eigene Form von Eitelkeit. Die Eitelkeit des Erfolgreichen ist dümmlicher, die des Erfolglosen ist aggressiver. Das Ziel hat Rudyard Kipling formuliert: »Es kommt darauf an, Triumph und Desaster gleich zu behandeln.« Es gibt ja das Phänomen des alten, eitlen Autors, der Menschen, die er kennenlernt, nur noch unter dem Gesichtspunkt wahrnimmt: Würdigen die mich genug? Ich saß mal bei einem Essen neben einem sehr, sehr bekannten holländischen Schriftsteller, der mich bei allem, was ich sagte, vollständig ignoriert hat. Ich dachte, jetzt mache ich mal ein Experiment, und habe ein Buch von ihm als fantastisch gelobt. Ich merkte, wie ich plötzlich auf seinem Radarschirm auftauchte und seine Augen auf mich scharf stellten. Den Rest des Abends erzählte er mir alles Mögliche aus seinem Leben. Ich dachte: So darf man nie werden! Wie schrecklich, wenn diese Art von überzogener Egomanie unausweichlich wäre. Sie trübt den Blick auf die Wirklichkeit, und die Folge kann nur schlechte Kunst sein.

JOACHIM KAISER, Kritiker: Als Kritiker eine Autorenpersönlichkeit zu entwickeln kann man nicht lernen wie das Zubereiten von Spiegeleiern. Sie müssten mit Musikwerken über Jahre so leidenschaftlich und analytisch zusammenleben wie in Gottes Namen ich. Der Reich-Ranicki sagt mir immer, ich sei der meist abgeschriebene Musikkritiker Deutschlands. Das sage ich auch. Aber leider schreiben die

Leute so bei einem ab, dass sie die wichtigen und interessanten Gedanken einfach übernehmen und dann bei einer etwas dämlichen Stelle schreiben: »Wie auch schon Joachim Kaiser bemerkt hat …« Wenn man dann schimpft: »Kinder, verdammt noch mal, so geht es nicht!«, heißt es: »Was wollen Sie denn? Wir haben Sie doch mit Namen genannt.«

Ein angehender Kritiker sollte Folgendes lernen: Wenn ein Satz weder Anmut hat noch eine neue Information enthält, darf man ihn nicht schreiben. Einen exzeptionellen Kritiker zeichnet aus, dass er gegen seinen eigenen Geschmack argumentieren kann. Wenn ein Brechtianer für Brecht ist, finde ich das doof. Ich bin ein sentimentaler Ostpreuße, der großes, pathetisches Klavierspiel liebt. Und dann kommt der Friedrich Gulda und ist von allem genau das Gegenteil: kalt wie eine Hundeschnauze und dann auch noch mit sehr anfechtbaren Manieren. Wenn ihn jemand fragte, wie es ihm gehe, bekam er zur Antwort: »Was geht Sie das an?«

In den Feuilletons erobern Frauen die Kommandohöhen. Es ist leider Gottes so, dass die meisten Männer keine Lust mehr haben, sich mit Schöngeistigem zu beschäftigen. Wenn ich vor tausend Leuten einen Vortrag halte, sind siebenhundertfünfzig davon Frauen. Deshalb ist der Vormarsch der Weiber im Feuilleton nur konsequent.

Ich bin seit mehr als sechzig Jahren Kritiker. Da wird man immer skeptischer und hat einen gewissen Überdruss. Wenn mir heute jemand von einem tollen jungen Pianisten vorschwärmt, sagt eine Stimme in mir: »Na ja, wollen mal sehen …« Man wird auch immer mehr zum Gefangenen seiner Erfahrung und zieht dauernd Vergleiche. Alte Leute können furchtbare Langweiler sein, weil sie immerfort schreiben, wie gut doch die Toten waren.

Geschmack macht einsam – aber nicht, wenn man so wie ich diesen irrsinnigen Ausdruckstrieb hat, allen Leuten plausibel zu machen, was man für grandios oder missraten hält. Einsam macht es, älter zu werden. Vor ein paar Jahren starb auch noch der Musikkritiker Werner Burckhardt. Das war doch mein bester Freund! Ich weiß noch, wie mir der Rubinstein mit neunzig sagte: »Ich habe überhaupt keine Gesprächspartner mehr, die so alt sind wie ich. Alle, mit denen ich rede, könnten meine Kinder oder Enkel sein.« Damals kapierte ich nicht, wie unangenehm das ist. Das weiß ich jetzt besser. Gottfried Benn hatte nicht ganz unrecht mit seinem Satz: »Kinder sind fremde Leute.«

Zitate kann ich mir besser merken als Menschen. Meine Frau sagte immer: »Mit dir kann man ja gar nicht reden. Du zitierst dauernd.« Aber lieber Gott, warum etwas schlechter sagen, was schon mal fabelhaft formuliert wurde? Man muss ja den Nordpol nicht zum zweiten Mal entdecken.

Als meine Frau starb, konnte mich die Kunst nicht trösten. Um einem Streichquartett von Mozart gewachsen zu sein, müssen Sie physisch und psychisch gesund sein. Als Freunde den alten, kranken Anton Bruckner in ein Konzert mitnehmen wollten, schrie er verzweifelt: »Ka Musi!« So ist es. Von wegen Trauerjahr. Der Kummer wird ja immer schlimmer. Wir waren neunundvierzig Jahre verheiratet.

Darüber kommt man nicht hinweg. Dabei haben wir weiß Gott keine wolkenlose Ehe geführt. Ich finde übrigens, in absolut friedlichen und harmonischen Ehen hat einer von beiden verloren – meist der Mann. Der widerspricht dann eben nicht mehr. Ich sagte immer zu meiner Frau: »Wenn du da bist, gehst du mir auf die Nerven. Wenn du weg bist, fehlst du mir.« Als mir neulich die Decke auf den Kopf fiel, bin ich nach Forte dei Marmi gefahren. Das ist ein unverschämt teurer, aber ganz hübscher Kurort in Italien, wo Thomas Mann und Aldous Huxley Ferien gemacht haben. Ich dachte, komisch, warum bist du so unzufrieden? Der Ort gefiel dir doch immer. Plötzlich wurde mir der Grund klar. Früher sagte ich zu meiner Frau: »Guck mal, der Dackel sieht aus wie ein Sekretär und sein Herrchen auch.« Wenn man alleine ist, kann man solche harmlosen Bemerkungen nicht machen. Ich habe mich dann in eine Arbeitstherapie gestürzt und allen möglichen Leuten alles Mögliche angeboten. Arbeit lenkt ja schön ab. Zu meiner Befriedigung sagten alle Ja und schickten Vorschüsse. Ich verdiene im Moment mehr Geld, als ich ausgeben kann. Aber leider sind diese Leute auch tückisch genug, das fertige Manuskript von mir zu verlangen.

Ich brauchte meine Frau auch, um mich von der Kunst abzulenken. Sie sagte: »Komm, wir fahren in unser verfallenes Häuschen am Bodensee.« Dann grillten wir am Seeufer frische Felchen, ich öffnete eine Flasche Dom Pérignon, und wir schauten zu, wie die Sonne langsam untergeht. Das waren doch unsere glücklichsten Momente!

Von Menschenekel bei mir zu sprechen wäre zu affektvoll, aber eine gewisse Menschenverachtung ist tatsächlich da. Ich gelte als schrecklich eitel – was ich nun wirklich nicht bin. Sie sehen ja, wie ich rumlaufe und wie meine Bude aussieht. Aber ich bin ein bisschen arrogant. Leute, die weder furchtbar spannend noch wahnsinnig zum Verlieben sind, halte ich von mir weg. De Gaulle sagte mal: »Allein habe ich mich noch nie gelangweilt.« So denke ich auch. Vielleicht ist Hochmut die Schutzhaltung der Verletzten.

Meine Frau sagte in einem Dokumentarfilm, ich sei maßlos eitel und würde immer noch eitler werden. Da hatte sie schon vierzig Chemos gegen ihren Krebs bekommen. Vielleicht ist deshalb ein bisschen viel Härte und Bitterkeit in ihre Aussagen eingegangen. Sie war auch ein eher negativer Typ. Als sie Krebs bekam, wunderte mich wahnsinnig, wie sie am Leben hing. Ich glaube, das täte ich nicht. Aber wer kennt sich schon selbst?

Ich habe mal irgendwo geschrieben, dass Kritiker ja doch ein fünftes Rad am Wagen sind. Sie sind nicht nötig, weil man in der Kunst nichts beweisen kann. Ich kann nur plausibel machen, dass Goethe besser ist als Geibel und dass Dorn besser inszenieren kann als Castorf. Wenn man unter solchen Umständen arbeitet, macht das offenbar eitel. Ich kenne überhaupt keinen uneitlen Kritiker.

Einige Leute denken, ich empfinde es als Glück, Kaiser zu heißen. Ach Gott, man kann damit natürlich furchtbar viele Witze machen, »Kaiser und Papst zugleich« und so. Trotzdem bin ich meinem Schicksal nicht undankbar.

Ich bin seit über einem halben Jahrhundert bei der *Süddeutschen Zeitung*. Wahrscheinlich werden auf den Redaktionsfluren Kaiser-Witze erzählt, denn ich bin ganz schön zerstreut und komme manchmal mit zwei verschiedenen Strümpfen in die Redaktion. Man wird ja im Alter zunehmend schrullig. Meine Tochter erzählt gern, wie sie schier in Grund und Boden versank, wenn ich sie in Bademantel und Hausschlappen in die Schule fuhr oder mich im Theater mit einer Nagelschere genüsslich im Ohr kratzte.

Die Leute sagen, ich sehe Karajan zunehmend ähnlicher. Das würde mich ehren. Die drei wirklich genialen Musiker, die ich in meinem Leben kennengelernt habe, waren Furtwängler, Rubinstein und Leonard Bernstein. Die beiden partiell genialen Musiker waren Karl Richter und der Karajan.

Ob ich Groupies habe, weiß ich nicht. Ich kenne nur Störenfriede. Da ich im Telefonbuch stehe, rufen mich wildfremde Leute an: »Herr Kaiser, Sie werden mich nicht kennen, aber ich lese Sie seit dreißig Jahren. Meine Tante hat übermorgen Geburtstag. Was soll ich ihr für eine Platte schenken?« Ich sage dann lautstark: »Sind Sie noch ganz gesund? Es ist Sonntagabend, ich habe Gäste, und wir kennen uns doch gar nicht!« Weil mich die Leute über Jahrzehnte hin lesen, denken sie, sie kennen mich, und schließen daraus irrig, ich kenne sie auch. Die können sich eine Welt, in der ich nicht kilometerlang über Kunst quassele, gar nicht mehr vorstellen.

Trübe Quellen behaupten, Reich-Ranicki habe seine Machtstellung für sexuelle Eroberungen im Literaturbetrieb genutzt. Wenn Sie mich fragen, ob ich jemals eine Kritik missbraucht habe, um eine Künstlerin rumzukriegen, würde ich sagen: eher nein. Ich fände es sehr verächtlich, einer Pianistin zu verstehen zu geben: »Wenn du nicht mit mir ins Bett gehst, verfasse ich keine Elogen mehr über dich.« Ich schreibe ohnehin schon 25 Prozent höflicher, als mir zumute ist – und das Alter stimmt nochmals milder. Ich weiß doch, wie sehr ein Verriss das eigene Ego verletzt. Die negativen Kritiken, die ich für meine fast zwanzig Bücher weiß Gott auch bekommen habe, könnte ich noch auf dem Sterbebett auswendig zitieren. Die positiven habe ich allesamt vergessen. Wenn man einen Kritiker kritisiert, geht für den die Welt unter.

Ich habe mal geschrieben: »Eine stete Beschäftigung mit Kultur verbessert den Menschen nicht unbedingt. Ich fürchte sogar, dass jemand, der über die Maßen kultiviert und sensibel für Schönes ist, im Privatleben jene dunklen und schmutzigen Seiten, die auch zum Menschsein gehören, umso heftiger und ungehemmter herauslässt.« Der berühmteste Fall ist wohl der Mozart. Der hat eine reine und vollendete Himmelsmusik komponiert, aber seiner Frau schreibt er, er will ihr den nackten Hintern vollhauen. Er hat in seiner schlechtesten Zeit drei Mal so viel verdient wie ein Wiener Krankenhausarzt und das ganze Geld mit Weibern ausgegeben. Zu Deutsch: Wo reine Kunst entsteht, gibt es eine gewisse Freude am Schmutz. Auch die feinsten Männer haben mal eine Nutte nötig.

Natürlich ist es kränkend, dass unsereins keine Chance

auf Nachruhm hat. Andererseits, sind nicht Alfred Kerr und Karl Kraus immer noch sehr berühmt? Mit Dichtern wie Hölderlin und Goethe hat kein Kritiker etwas zu tun. Vor denen hat man sich gefälligst zu verbeugen. Aber als mehr oder weniger erfolgreichen Schriftsteller empfinde ich mich schon. Im Berliner Schillertheater gibt es sogar ein Standbild von Alfred Kerr. Der sah aber so eitel und hässlich aus, dass ich nicht sicher bin, ob das dem Kritikerberuf guttut.

VOLKER SCHLÖNDORFF, Regisseur: Dustin Hoffman braucht es geradezu, dass ihm beim Drehen andere zuschauen. Wenn man mit ihm in New York vor Hunderten Zuschauern eine Straßenszene dreht, läuft er sofort nach dem Cut an die Absperrung und fragt: »Wie fandet ihr das? Wie war ich?« Sam Shepard ist das genaue Gegenteil. Er hat immer das Gefühl, er prostituiert sich, wenn er spielt. Das ist fast pathologisch. Ich fragte ihn: »Denkst du denn, deine Frau Jessica Lange prostituiert sich auch, wenn sie vor der Kamera steht?« Er antwortete ganz erstaunt: »Natürlich nicht, sie ist doch Schauspielerin!« Als wir bei *Homo Faber* auf einem Schiff eine Kussszene drehten, wollte er, dass das ganze Deck geräumt wird. Nicht mal der Kapitän durfte auf der Brücke sein, denn er hätte sich ja umdrehen und sehen können, wie Sam die Julie Delpy in den Armen hält. Er glaubt sich selbst nur, wenn ihm niemand zuschaut. Deshalb hat er auch einen Satz des Drehbuchs so geliebt: »Ich halte es nur drei Tage mit einer Frau aus – danach beginnt die Heuchelei.«

JUREK BECKER, Schriftsteller: Manfred Krug und ich lebten Ende der Fünfziger gleichberechtigt in einer Ladenwohnung im Berliner Bezirk Prenzlauer Berg. Ich will nicht verschweigen, dass ich mir immer wie Krugs Untermieter vorkam. Von einem gewissen Zeitpunkt an war auf dem Küchenfußboden eine Demarkationslinie angezeichnet, die keiner von uns überschreiten durfte – vor allem ich nicht. Wir haben die Berliner Mauer erfunden, bevor es sie gab.

GEORGE TABORI, Theaterregisseur: Bertolt Brecht lernte ich 1947 in Los Angeles im Haus des Regisseurs Joseph Losey kennen. Ich fand ihn nicht sehr angenehm. Es waren ungefähr zwanzig Gäste da, die alle auf dem Boden saßen. Das war üblich, auch wenn keiner wusste, warum. Brecht trug seinen maßgeschneiderten Drillichanzug und rauchte seine berühmte Zigarre. Als ich mich als Drehbuchschreiber vorstellte, nickte er bloß. Er war übellaunig und schimpfte unentwegt über den Schmierengeschmack der Studios. Da er Deutschland als Star verlassen hatte, fühlte er sich von den Filmbossen als Nobody missachtet. Er verdammte Hollywood als ein Schauhaus des *easy going*, in dem er sich vorkomme wie Lenin beim Oktoberfest. Für ihn war Hollywood ein Lügenmarkt, auf dem es nur Käufer oder Verkäufer gab. Als Drehbuchschreiber hatte er das Gefühl, einem Pissoir seinen Urin zu verkaufen. Ich sah das viel romantischer, weil ich auf den Partys dauernd mit meinen Helden reden konnte: Chaplin, Hitchcock, die Garbo, Charles Laughton, Thomas Mann.

Das FBI hielt Brecht für einen sowjetischen Agenten, der bei den Filmleuten in Hollywood einen kommunistischen Zirkel aufziehen sollte. Drei Agenten teilten sich die Beschattung. Sein Haus wurde verwanzt, das Telefon abgehört und die Post aufgebrochen. Am Ende hatte seine FBI-Akte tausendeinhundert Seiten. Als die Agenten in einem abgefangenen Brief von Brecht etwas über eine »KKK-Kopie« lasen, glaubten sie, endlich einer Konspiration auf der Spur zu sein. Dabei war nur das Stück *Der kaukasische Kreidekreis* gemeint. Die Beschatter müssen neidisch auf Brecht gewesen sein, weil er so viel guten Sex hatte. Er hatte ja neben seiner Frau ständig mindestens drei Geliebte, die ihm fast hörig waren. Die Brechts ahnten, dass in ihrem Haus Mikrofone installiert waren. Um die Lauscher zu narren, haben Helene Weigel und Marta Feuchtwanger hin und wieder aus Kochbüchern vorgelesen, die in Polnisch verfasst waren.

DIETER DORN, Theaterregisseur: Brecht begegnete mir erstmals 1955 bei Proben am Berliner Ensemble. Wir Studenten saßen halb erlaubt, halb nicht erlaubt in den hinteren Reihen und warteten auf Brechts Erscheinen mit dem Gefühl, einem Heiligtum zu begegnen. Und dann kam leise ein kleinerer Mann herein, der genauso bescheiden und listig aussah wie auf den Fotos, die wir von ihm kannten. Er nahm die Mütze ab, spuckte in seine kleinen Hände und strich sich die Haare nach vorn. Ich kenne viele Theaterleute, die gern eine Aura hätten und versuchen, sie schauspielerisch zu produzieren. Brecht dagegen gab vor allem acht, die Proben nicht zu stören. Meine Bewunderung für ihn ging so weit, dass ich meine Haare fortan auch nach vorn gekämmt trug. Ein Schauspieler versprach sich immer wieder bei dem Satz: »Die Soldaten singen, tanzen, huren, fressen und saufen.« Brecht rief ihm zu: »Saufen ist real, huren ist real, fressen ist real – tanzen und singen streichen.« Dass er seinen eigenen Text zugunsten eines Schauspielers veränderte, machte mir ungeheuren Eindruck. Ein anderes Mal erlebte ich ihn bei einer Wiederaufnahmeprobe von *Mutter Courage*. Die Titelrolle spielte seine Frau Helene Weigel. Als sie ihren berühmten stummen Schrei machte, heulten im Zuschauerraum alle. Brecht fragte mich: »Was kann ich dagegen tun, dass alle weinen?« Er wollte Zuschauer, die Distanz zum Geschehen auf der Bühne haben, aber sein Genie war, dass er sie gleichzeitig mitten ins Herz traf.

KEN FOLLETT, Bestsellerautor: Der beste Buchanfang aller Zeiten stammt von Ford Madox Ford. Sein 1915 erschienener Roman *The Good Soldier* beginnt mit dem grandios schlichten Satz: »Dies ist die traurigste Geschichte, die ich jemals gehört habe.« Ein Großmeister der ersten Sätze ist übrigens Snoopy. In einem Comic sitzt er mit einer Schreibmaschine auf seiner Hundehütte und tippt seinen Debütroman. Der erste Absatz lautet: »Die Nacht war finster und stürmisch. Irgendwo fiel ein Schuss. Eine Frau schrie. Zur gleichen Zeit rettete ein junger Arzt in einem Krankenhaus das Leben eines kleinen Kindes.« Snoopy kennt alle Zutaten eines spannenden Romans. Sein Fehler ist nur, zu denken, er müsse sie alle in den ersten Absatz packen.

ANDRÉ HELLER, Künstler: Als ich 1972 zum ersten Mal nach Marrakesch kam, war die Stadt eine aus der Zeit gefallene Enklave für sehr exzentrische und sehr betagte homosexuelle Herren aus wohlhabendsten europäischen Familien oder Adelshäusern. Mit ihren Liebhabern führten sie, mitunter seit 1914, in maurischen Palästen ein Tausend-und-eine-Nacht-Leben. Eine dieser Figuren war der Kostümbildner von Billy Wilders *Sunset Boulevard*. Er hatte Kleider für Marlene Dietrich und Greta Garbo entworfen und war der letzte Liebhaber von Rudolfo Valentino. Er freute sich, dass endlich ein Junger kam, der sich für seine wundersame Biografie interessierte. Unter vielen anderen Geschichten erzählte er mir, dass es während der Zwanzigerjahre im Vorraum zu den Herrentoiletten des Casinos in Monte Carlo Burschen gab, die gegen Bezahlung die Hose fallen ließen und gestatteten, dass ihnen der Kunde mit einem Finger in den Anus fährt, weil das Berühren von frischem Menschenkot Spielern Glück bringen soll.

ROMAN POLANSKI, Filmregisseur: Als Steven Spielberg mir anbot, bei *Schindlers Liste* Regie zu führen, antwortete ich ihm, der Film spiele im Ghetto von Krakau, das sei zu nah an meiner Kindheit. Wie ernst und aufklärerisch ein Film auch gemeint sein mag, er bleibt Showbiz. Es erscheint mir obszön, mein Leben auszubeuten, nur um Kinokarten zu verkaufen. Wer das eigene Leben verfilmt, lernt etwas über die untergründige Macht des Kinos: Die Bilder des Films schieben sich über die Bilder des eigenen Gedächtnisses und löschen sie allmählich. Am Ende hat man nur noch eine künstliche Vergangenheit.

ULLI LOMMEL, Schauspieler und Regisseur: Als ich 1983 *Devonsville Terror* mit Donald Pleasance drehte, teilte ich mir den Schnittplatz mit Orson Welles. Der winzige Raum lag in einem Hinterhof an der La Brea Avenue in Hollywood. Orson war arm wie eine Kirchenmaus und konnte seit Monaten seine Rechnungen nicht bezahlen. Er arbeitete von Mitternacht bis zum Morgengrauen, woran, sagte er nicht. Die Studios hatten ihn endgültig fallen gelassen, und aus dem bewunderten Filmgenie war ein verlorener, selbstzerstörerischer Melancholiker geworden, der sich dreihundert Pfund angefressen hatte. Statt sich umzubringen, hatte er sich für ein langsames Sterben mit der Flasche entschieden. Er fragte, ob ich einen Job für ihn hätte, er würde alles machen, auch in Werbespots auftreten. Einmal konnte ich ihm einen Job besorgen. Ich kannte eine reiche Dame in Beverly Hills, die Celebritys dreitausend Dollar für einen Auftritt auf ihren Partys zahlte. Als sie den Namen Orson Welles hörte, war sie sofort Feuer und Flamme: »Der Star aus *Der Pate*? Toll! Bringen Sie ihn mit. Ich schicke eine Limousine.« Sie hatte Orson mit Marlon Brando verwechselt. Als die Limousine vor der Villa der Dame hielt, mussten drei kräftige Männer Orson von der Rückbank hieven. Der platinblonden Gastgeberin erzählte er einen Blondinenwitz nach dem anderen – bis er nach drei Flaschen Wein im Delirium versank und einpennte.

HUBERTUS VON HOHENLOHE, Fotograf: Mein Vater – sein vollständiger Name lautet Alfonso Maximiliano Victorio Eugenio Alexandro Maria Pablo de la Santísima Trinidad y todos los Santos Hohenlohe-Langenburg – war geschieden und ließ mich im Marbella Club an der spanischen Costa del Sol groß werden, den er 1954 gegründet hatte. Es war für mich das Normalste der Welt, mit Celebritys wie Gina Lollobrigida, Sophia Loren, Brigitte Bardot, Julio Iglesias oder Sean Connery am Tisch zu sitzen. Wollte ich Eis essen, Wasserski laufen, Tennis oder Minigolf spielen, genügte ein Wink Richtung Personal, schließlich war ich der Sohn von Prinz Alfonso. Mit sieben Jahren fühlte ich mich durch das inbrünstige Gekreische eines weiblichen Hotelgasts gestört und sagte meiner Kinderschwester, sie solle bitte dafür sorgen, dass diese Frau endlich aufhört zu schreien. Die Frau war Maria Callas, die eine Arie übte.

Um ein Gegengewicht gegen die aristokratisch-versnobte Gesellschaft im Club zu schaffen, fing ich mit sechzehn, siebzehn an, Popstars und Bands wie Led Zeppelin oder Queen einzuladen. Als David Bowie zu Gast war, sagte er nachts um zwei zu mir: »Komm mit an den Pool, ich zeige dir, wie ich einen Song schreibe.« Am Rand des Pools stand eine kitschige Delfinskulptur. Bowie nahm Zettel und Stift und schrieb einzelne Sätze untereinander. Dann schnitt er mit einer Schere Sätze aus, mischte sie neu und sang sie zur Gitarre. Als er nach zwanzig Minuten fertig war, las er mir den Songtext vor: »I, I wish you could swim / Like the dolphins, like dolphins can swim / Though nothing, nothing will keep us together / We can beat them, forever and ever / Oh we can be heroes, just for one day.« Als der Song rauskam, begriff ich, ich war Zeuge der Entstehung seines Welthits *Heroes* geworden.

ELFIE SEMOTAN, Fotografin, Witwe des Künstlers Martin Kippenberger: Dass ich zwölf Jahre älter war, kommentierte Martin mit den Worten: »Elfie ist 53, ich bin Jahrgang '53.« Er war kein Mann, dem man als ältere Frau über den Hinterkopf streichelt und das Leben erklärt. Wenn er mit wichtigen Museumsleuten am Tisch saß, furzte er gern und servierte als Vorspeise After Eight. Man hatte Angst vor ihm, weil er Menschen vor Publikum bloßstellte und lächerlich machte. Für ihn war es ein Spiel: Hältst du mich aus? Liebst du mich wirklich? Er hatte sich vorgenommen, nie mehr zu lügen, egal ob es um Kunst ging, ein Kleid oder einen Haarschnitt. Allen alles ins Gesicht zu sagen ist ein Albtraum. Andererseits finde ich es ehrenhaft, dass er sich nicht an dem österreichischen Brauch beteiligt hat, nach einem Fest über die Gäste zu schimpfen.

Allein zu sein hielt er nicht aus. Auch wenn es schon morgens um vier war, klingelte er Menschen aus dem Bett und forderte »Künstlerbetreuung«. Da er keinen Führerschein hatte, kurvte er im Burgenland mit einem kleinen dreirädrigen Transporter herum, auf dessen Ladefläche ein riesiges Ei montiert war. Aus den Lautsprechern dröhnte je nach Stimmungslage AC / DC, Wagners *Walkürenritt* oder das Erkennungslied *Klingelingeling, hier kommt der Eiermann.* Als er in Brasilien eine stillgelegte Tankstelle kaufte, gab er ihr den Namen *Martin Bormann Gas Station.*

Seinen Heiratsantrag machte er mir im Auto vom Wiener Flughafen in die Innenstadt. Das Hochzeitsfest im Burgenland mit dreihundertzwanzig Gästen dauerte drei Tage. Mein Trauzeuge war Helmut Lang, der auch mein Brautkleid entwarf. Am dritten Abend konnte ich nicht mehr und ging gegen Mitternacht schlafen. Ich lag bereits ausgezogen im Bett, als Martin ins Zimmer kam und sagte: »Komm, du musst weiterfeiern!« Als er immer weiter drängelte, sagte ich: »Okay, dann gehe ich aber so, wie ich bin, nackt. Ich setze mich in ein Fauteuil und trinke noch ein Glas Wein.« Als ich schon nackt die Stiegen hinunterging, hielt er mich zurück. Fast schade, denn sonst hätte ich ihn mit seinen eigenen Waffen geschlagen. Er hatte Tage, an denen war er wahnsinnig schön wie der frühe Helmut Berger, und andere, da war er vollkommen *in pieces*: versoffen, fett, erschöpft. Ich habe mit diesen Sprüngen aber nie ein Problem gehabt, auch bei anderen Männern nicht. Ich habe eher Probleme mit Leuten, die jeden Tag gleich ausschauen.

Mit fünfzehn hatte Martin begonnen, seinen Körper mit harten Drogen, Alkohol, Zigaretten und Schlafentzug zu schinden. Mein Gefühl war, er wusste tief im Inneren, er wird früh sterben. Zu einer Freundin sagte er: »Ohne zu trinken halte ich die Leute nicht aus.« 1997 wurden bei ihm Hepatitis, Zirrhose und Leberkrebs festgestellt. Sechs Wochen nach der Diagnose war er tot, mit 44. Seine Beerdigung auf einem Dorffriedhof im Burgenland hatte er sich als Tag der Wahrheit vorgestellt: Schwimmt der Sarg in Tränen oder verlieren sich am Grab bloß ein paar versprengte Gestalten? Es war ein eiskalter, düsterer Freitagnachmittag im März. Weil so unglaublich viele Leute da waren, bildete sich vor dem Grab eine lange Schlange. Den Totengräbern dauerte das alles viel zu lange. Sie sagten, sie hätten jetzt Feierabend, und fingen an, Erde auf den Sarg zu schaufeln, während die steif gefrorenen Leute noch immer Schlange standen. Michel Würthle von der Paris Bar hat den Totengräbern dann Geld in die Hand gedrückt. Sonst wäre es zu einer Prügelei gekommen. Martin hätte seine Freude an dieser Beerdigung gehabt.

PETER SLOTERDIJK, Philosoph: 1979 war ich vier Monate lang im Ashram von Bhagwan Shree Rajneesh in Poona und kehrte als Sannyasin zurück. Wenn er nicht *in silence* war, wie man das damals ehrfürchtig nannte, konnte man Bhagwan täglich von neun bis elf in der Großen Halle sehen und hören. Er stieg aus seinem lautlosen Auto, setzte sich auf seinen weißen Sessel, schloss eine Minute die Augen, dann kommentierte er mit infernalischem und seraphischem Humor die spirituelle Weltliteratur durch, von den heiligen Schriften der Inder bis zu Nietzsche, ohne Pause, ohne den geringsten Versprecher und ohne irgendwas abzulesen. Uns konnte das gar nie lang genug dauern, weil sein Indo-Englisch so kurios, so melodisch, so tiefsinnig war, und zugleich so narkotisch einfach.

Der Humor von Bhagwan lag auf der Skala zwischen verheerend und liebevoll. Da gab es beispielsweise die inzwischen berühmte »Fuck Lecture«. Eine Schülerin, vermutlich aus England, hatte ihm geschrieben: »Dear Bhagwan, I feel shocked when I hear you use words like ›fucking‹. It hurts my religious feelings.« Das war sein Stichwort. Er erklärte ihr, dass religiöse Gefühle dazu da seien, verletzt zu werden, und dass die Engländer stolz darauf sein sollten, ein so vielseitiges Wort wie »fuck« zu haben. »And now listen« – dann führte er ihr fünfzig verschiedene idiomatische Wendungen von »fuck« vor mitsamt linguistischen Anmerkungen. Es war umwerfend, wie er ohne die Miene zu verziehen ein Beispiel nach dem anderen vom Stapel ließ. Die Halle hat gebrüllt. An seiner Genialität war kein Zweifel möglich. Und doch, wenn ich jetzt über ihn rede, ist mir zumute, als referierte ich eine Episode am Hof von Karl dem Kühnen aus dem Herbst des Mittelalters.

VIERTES KAPITEL

in dem die Auflösung der Beatles und der Tanzstil von Rudolf Augstein unter die Lupe genommen werden sowie die wahnwitzige Erotomanie von Elias Canetti und die betrüblichen Tischmanieren der Kinder von Günter Grass; das von Gisela Steins Schamhaarperücke und einem Lauschangriff von Botho Strauß berichtet, Jil Sander bei einem vergeblichen Versöhnungsversuch auf dem Mount Everest zeigt, Tomi Ungerer beim allmorgendlichen Absingen der NSDAP-Hymne in den Blick nimmt, Steven Spielbergs Kindheitstrauma ergründet, die fehlende Leidenschaft zwischen Brigitte Bardot und Gunter Sachs analysiert und enthüllt, wer Frank Schirrmacher »die intellektuelle Substanz eines Käsesoufflés« bescheinigt.

CHRIS O'DELL, Bandbetreuerin: Das Grundproblem von Stars ist Vertrauen. Bewarb sich jemand um einen Job im inneren Kreis der Beatles, prüfte die Band sehr genau, ob der Bewerber zu den vielen Verrätern gehören könnte, die ihr Insider-Wissen an Journalisten verkauften. Als ich diesen Test bestand, fragte George Harrison, ob ich als seine persönliche Assistentin bei ihm einziehen wolle. Er hatte gerade das Schloss Friar Park gekauft, eine Autostunde von London entfernt. Es hatte hundertzwanzig Zimmer und einen riesigen Ballsaal. Im Park stand eine Replik des Matterhorns. Die drei künstlichen Seen waren durch Tunnel verbunden, die groß genug für Ruderboote waren. Die Lichtschalter im Schloss waren Mönchsgesichter mit drehbarer Nase. Mein Job war es, die Renovierung von Friar Park zu koordinieren.

Ich fragte George, weshalb er sich mit sechsundzwanzig ein Schloss mit hundertzwanzigtausend Quadratmetern Land zugelegt habe. Er sagte, dafür sei ein Parkwächter verantwortlich. Ein paar Wochen zuvor hatte er auf der Wiese eines öffentlichen Parks in London gelegen und einen Song komponiert. Als der Park abends schloss, schmiss der Wächter ihn mit den Worten raus: »Hau ab, du Hippie!« Georges Reaktion war: »Ich will jetzt meinen eigenen Park!« Kurz darauf kaufte er auch noch einen Rolls-Royce, Baujahr 1928. Dazu muss man wissen, Georges Vater war Busfahrer. Das Schloss und der Rolls-Royce waren seine Art, dem britischen Establishment den Fuck-you-Finger zu zeigen.

Im April 1970 las George in der Zeitung, Paul McCartney habe in einem Interview die Auflösung der Beatles verkündet. George war außer sich vor Zorn: »Dieser verdammte Mistkerl! Hätte er uns nicht vorher informieren können? Wir waren doch mal beste Freunde!« Dann verschwand er in seinen Meditationsraum. Zwei Stunden später kam John Lennon vorbei. Die beiden sprachen kaum und ließen die Köpfe hängen. Ihnen war klar, sie waren ab sofort keine mythischen Figuren mehr, sondern bloß noch Musiker auf der Suche nach einer Solokarriere.

Die Zeitungen vermittelten das Bild, die Beatles seien im Gegensatz zu den Rolling Stones eine positive, immer zu Späßen aufgelegte Band, in der niemand Drogen nahm. In Wahrheit waren alle Beatles die meiste Zeit auf LSD. Auch wenn John und Paul Songs schrieben, warfen sie Pillen ein. Die Zustände bei Apple Records waren entsprechend chaotisch. In einigen Büros campierten Hare Krishnas und halb nackte Hippies, der Hospitality Room war zu einem Gratis-Pub für abgebrannte Musiker geworden. Paul war der einzige Beatle, der fast täglich in die Firma kam. Meist prüfte er die Buchhaltung. Er konnte richtig wütend werden, wenn er mitbekam, dass einer von uns für die Heimfahrt ein Taxi benutzt hatte und die Fahrt als Spesen einreichte.

George war siebzehn, als die Beatles in Hamburg spielten. Nach meiner Erfahrung bleibt die Persönlichkeitsentwicklung von Stars für viele Jahre in dem Alter stehen, in dem sie entdeckt werden. Bis auf Paul waren die Beatles 1970 Kinder in langen Hosen.

George flirtete mit mir und schrieb für mich den Song *Miss O'Dell*. Seine Frau Pattie Boyd wurde stutenbissig, wenn sie mich sah. Sie wusste seit Langem, dass George Affären hatte, aber jetzt glaubte sie, er habe einer seiner Konkubinen gestattet, in Friar Park einzuziehen. Gleich am ersten Tag sagte sie mir: »Wer mit einem Beatle verheiratet ist, hört auf, Frauen zu vertrauen. Sollte George etwas mit dir anfangen, fliegst du hochkant raus!«

Eric Clapton war häufig zu Gast in Friar Park. George und er waren enge Freunde. Ich hatte keine Ahnung, dass Eric verzweifelte Liebesbriefe an die Frau seines Freundes schrieb. Ich war heimlich verliebt in Eric und dachte, seine häufigen Besuche in Friar Park würden mir gelten. Er war schüchtern und verkrampft, deshalb war es schwer, schlau aus ihm zu werden. Erst als er für Pattie den Song *Layla* schrieb, wurde jedem klar, er war in sie verliebt. Eines Abends drohte er damit, Heroin zu nehmen, falls Pattie ihren Mann nicht verlässt. Als sie sich weigerte, wurde er ein Junkie. Weil er Angst vor Nadeln hatte, schnupfte er reines Heroin von einem goldenen Löffel, den er um den Hals trug. Er ernährte sich nur noch von Junkfood und Schokolade und wurde immer fetter. Nach drei Jahren ersetzte er das Heroin durch Alkohol. Die nächsten zehn Jahre trank er zwei Flaschen Courvoisier am Tag und fuhr ein Dutzend Ferraris zu Schrott. Wenn er auf Tournee ging, wurde in seinem Schlafzimmer ein Babyfon versteckt. Nachts mussten zwei Tourbegleiter abwechselnd horchen, ob er noch atmete. Den Courvoisier mischte Eric mit 7-Up-Limonade. Das war sein Geruch, so wie andere Leute nach *Cool Water* riechen.

1973 verliebte sich George in Maureen Starkey, die Frau von Ringo Starr. Bei einem Abendessen rückte er mit der Wahrheit raus: »Ringo, ich muss dir etwas sagen. Ich liebe deine Frau.« Ringo blickte lange zu Boden, dann sagte er: »Besser du als jemand, den wir nicht kennen.«

Pattie verließ daraufhin George und heiratete Eric. Ich begann eine Affäre mit Ringo. Er war wie ein Schuljunge, der im Unterricht eingenickt war und gerade aufwacht. Ich mochte seine Tapsigkeit, weil sie ihn so menschlich machte. Aus heutiger Sicht muss ich aber zugeben, es ging mir auch darum, als Frau eines Beatles finanziell abgesichert zu sein. Ich verdiente damals gerade mal hundertzwanzig Pfund in der Woche. Nach ein paar Monaten wurde aber klar, ich war für Ringo nur ein Pflaster für seinen Liebeskummer wegen Maureen.

Pattie und Eric versuchten jahrelang, ein Kind zu bekommen. Nach der zweiten erfolglosen In-vitro-Fertilisation gestand Eric, die italienische Schauspielerin Lori del Santo erwarte ein Kind von ihm. Pattie war damals zweiundvierzig. Von diesem Schlag hat sie sich niemals erholt. 1989 wurde die Ehe geschieden.

Zwei Jahre später fiel Erics Sohn Conor aus dem 53. Stock eines New Yorker Hochhauses. Die Putzfrau hatte vergessen, eins der Fenster zu schließen. Eric war am Vorabend mit Conor im Zirkus gewesen. Als sein Sohn starb, saß er zehn Blocks entfernt mit seinem Manager Roger Forrester beim Frühstück. Bevor Eric die Leichenhalle betrat, ließ Roger die Glühbirnen austauschen. Das Halbdunkel sollte den Anblick des zerschmetterten Körpers erträglicher machen.

Hardcore-Fans der Beatles tragen heute noch T-Shirts mit der Aufschrift *Still pissed at Yoko*. Es stimmt aber nicht, dass Yoko Ono die böse Hexe war, die die Beatles auseinanderbrachte. Entscheidend für die zunehmende Entfremdung der Band war 1968 der Aufenthalt im Ashram von Maharishi in Indien. Ringo und Paul konnten mit Transzendentaler Meditation nichts anfangen, aber John und George veränderten sich durch die zwei Monate im Ashram für immer. Ich habe in Friar Park miterlebt, wie in George zwei Kräfte um die Oberhand kämpften. In einem Monat meditierte er wie besessen, sang stundenlang »Hare Krishna, Hare Krishna, Krishna Krishna, Hare Hare« und verzichtete auf Sex, wie es Maharishi empfohlen hatte. Dann kamen Wochen mit Kokain und Alkohol, in denen er charmant und lustig war, Partys besuchte und hemmungslos flirtete. John ist auch nie wieder von seinem spirituellen Trip runtergekommen. Er wurde von astrologischen Prophezeiungen abhängig, und da ihm ein früher Tod vorausgesagt wurde, reiste er oft zu heiligen Orten in Asien, um sein Karma zu verbessern. Es waren Maharishis Gebetsmühlen, die die Beatles auseinandergerissen haben. Zwei der Fab Four blieben bis zu ihrem frühen Tod schwermütige Gottsucher.

DIETER DORN, Theaterregisseur: In Tankred Dorsts *Merlin* trat Gisela Stein nackt auf. Für eine so große und ernsthafte Künstlerin wie die Stein war die Frage, wie sie den

Schlüssel findet, es als Kunstvorgang zu zeigen, dass sie nackt aus einem Bett steigt. Sie kam auf die geniale Idee, sich von der Maskenbildnerei eine Schamhaarperücke anfertigen zu lassen. Von diesem Moment an war die Figur nackt, sie selber aber angezogen. Sie konnte die Szene souverän und ohne Scham spielen, weil die Perücke ihre Nacktheit in ein Kostüm verwandelt hatte.

HANS NEUENFELS, Theater- und Opernregisseur: Ich bin seit mehr als fünfzig Jahren mit der Schauspielerin Elisabeth Trissenaar verheiratet. Sie hat siebzig Rollen unter meiner Regie gespielt. Dass wir nicht längst auseinandergelaufen sind, liegt an unserer Zusammenarbeit. Das gemeinsame Fremdgehen im Theater hat uns Luft und Erweiterung gegeben. Die Auseinandersetzung mit den Figuren reißt Horizonte und Welten auf, die wir sonst nie kennengelernt hätten. Es gab aber auch Trennungen. Die längste dauerte fast ein Dreivierteljahr. Sie hatte vornehmlich mich über. Als wir uns wiederbegegneten, waren wir zwei ausgemergelte und verwundete Gespenster. Es begann die Knochenarbeit der Seelen. Wir werden niemals wissen, ob wir füreinander der größte Fluch oder das größte Glück sind. Wir wissen aber, wir sind inoperabel wie siamesische Zwillinge. Wir wettern, dass wir zusammen sind, und sind selig, dass es bis heute so ist.

ELISABETH TRISSENAAR, Schauspielerin: Gegen Ende des Lebens kommt es immer dazu, dass zwei Menschen sich im Blick treffen wollen und einander verfehlen. Im Grunde weiß man gar nichts vom andern. Man kennt sich immer genauer und wird sich immer fremder. Was mir auf die Nerven geht, ist das Alltägliche mit Hans. Es ist eine solche Wiederkehr des Gleichen, dass es richtig gemein vom Leben ist. Es wäre schön, wenn man es komisch nehmen könnte, aber da sind die Zahnbürste und das Handtuch und der Schuhstrecker – und das nervt! Ich bin die Donau, und er ist der Rhein. Das sind tausend Kilometer Entfernung.

FRANK GEHRY, Architekt: 1954 bewarb ich mich als junger Familienvater bei meinem berühmten Kollegen Richard Neutra, der damals Mietshäuser für Menschen mit wenig Geld entwarf. Da ich ein idealistischer Sozialist war, begeisterte mich dieses Projekt. Neutra war von meinen Entwurfszeichnungen höchst angetan und sagte, ich könnte gleich am nächsten Montag bei ihm anfangen. Als ich fragte, ob wir nicht vorher über Geld sprechen sollten, erwiderte er: »Das ist nicht nötig. Montag wird Ihnen meine Assistentin sagen, was Sie zahlen müssen, um bei mir arbeiten zu dürfen.« Ich bin aufgestanden und habe nie wieder einen Fuß in sein Büro gesetzt.

Mein großes Vorbild ist Frank Lloyd Wright, obwohl mich seine grenzenlose Egomanie immer abgestoßen hat. Nach meinem Armeedienst bin ich mit Frau und Kindern in unserem Volkswagen nach Scottsdale gefahren, um mir

Wrights Wohnhaus *Taliesin West* anzuschauen. Die Flagge war gehisst, was bedeutete, Wright war zugegen. An der Auffahrt stand ein Kontrolleur, der uns mit den Worten begrüßte: »Pro Person ein Dollar Eintritt.« Vergiss es, dachte ich. Wir drehten um und fuhren zurück.

DAVID CHIPPERFIELD, Architekt: Anfang der Achtziger wurde Norman Foster mein Chef, der seit 1999 den Titel Baron Foster of Thames Bank trägt. Als ich das erste Mal in sein Büro in London kam, betrat ich eine neue Welt. Schon die Luft war anders. Man spürte ein kreatives Vibrieren, als wollte da jemand die Welt aus den Angeln heben und neu zusammensetzen. Mein ältester Sohn arbeitet bei Apple in Cupertino für den Design-Chef. Wenn ich ihn in Cupertino besuche, denke ich, genauso war die Atmosphäre bei Norman Anfang der Achtziger: Man fühlt sich einem elitären Orden zugehörig, den man auch dann nicht verlässt, wenn er einen jeden Tag unglücklich macht.

BALKRISHNA DOSHI, Architekt: Meine Richtschnur im Leben ist eine Fabel, die mir mein Lehrmeister Le Corbusier erzählt hat: Ein Hund, der am Verhungern ist, fragt einen wohlgenährten Hund, wie er es schaffe, an so viel Futter zu kommen. Der dicke Hund antwortet: »Komm morgen wieder, dann verrat ich's dir.« Am folgenden Tag wartet der dünne Hund vergeblich. Am übernächsten Tag sieht er den dicken Hund und fragt ihn, warum er nicht gekommen sei. Der erwidert: »Ich wollte, aber mein Besitzer hat mich angekettet.« »Macht er das jeden Tag?« »Ja, warum sollte er mich sonst füttern.« Der dünne Hund machte, dass er wegkam. Besser hungern, dachte er, als dass einen jemand an die Kette legt.

CHRISTIAN THIELEMANN, Dirigent: Christoph Schlingensief gab die Schuld an seinem Krebstod den *Parsifal*-Proben in Bayreuth. Meine Kollegen Joseph Keilberth und Felix Mottl sind im zweiten Akt von *Tristan* gestorben. Ich habe den *Tristan* zwölf Jahre lang nicht dirigiert, weil die Musik Saiten in mir zum Schwingen brachte, von deren Existenz ich nichts wusste und die drohten, mich um den Verstand zu bringen. Als ich Herzrhythmusstörungen bekam, sagte ich: »Richard, rein in den Käfig! Ich gebe dir nicht diese Macht über mich.« *Tristan* ist transzendentale Propofol-Musik, die einen ins Weltall befördert. Ich kann Michael Jackson verstehen, dass ihn nach diesem Medikament verlangte. Als ich Propofol bei einer Magenspiegelung bekam, ertappte ich mich dabei, mich auf die nächste Magenspiegelung zu freuen. Der *Tristan* gehört an sich weggeschlossen wie ein Giftmischerbuch. Das Erstaunlichste ist, dass er nie wegen Pornografie auf den Index gesetzt wurde, obwohl er sexuell so explizit ist. Das *Tristan*-Vorspiel ist ein langsam anschwellender Orgasmus, der in keine Entspannung mündet, sondern eine nicht enden wollende Vorlust zelebriert.

FRITZ J. RADDATZ, Feuilletonist: Mary Tucholsky sagte zu mir: »Sie besitzen Ihre Dinge nicht, die Dinge besitzen Sie!« Ich bin tatsächlich ein morbider Ding-Fetischist, der Zierrat als Lebensstütze braucht. Meine geradezu manische Schönheitssucht ist eine Ersatzhandlung. Nach dem Krieg war ich eine Schwarzmarktratte, gotterbärmlich arm und verdreckt. Deshalb habe ich mich später an Spielzeuge wie meinen Porsche oder Jaguar geklammert. Heute noch kann ich mich einen ganzen Abend lang freuen an meinen wunderschönen Messerbänkchen aus weißen Elfenbein-Elefanten. Die Frühstückskonfitüre esse ich aus in Paris ersteigerten Tharaud-Keramiken und die Butter aus silbernen Renaissance-Dosen. Absurd, ich weiß, aber dieser schöne Schnickschnack befriedigt meinen Spieltrieb, meine Restlibido. Günter Grass fragte mal: »Fritz, darf ich zu dir zum Essen meine Söhne mitbringen, damit sie mal sehen, wie man kultiviert lebt?« Sein Ansinnen lehnte ich mit den Worten ab: »Günter, ich bin doch kein Tanzstundenlehrer!«

Grass nimmt mir übel, dass ich ihn öfter mit dem George-Grosz-Stift karikiert habe, statt ihm Seerosen ins Haar zu malen. In meinem Tagebuch schreibe ich über ihn: »Der Ex-Freund ist artistisch impotent geworden. Wieso hält er nicht die Klappe? Er kommt mir vor wie die alternden Schwulen in den Parks, die an sich herumfummeln, ihn kaum oder nicht oder knapp hochkriegen – und dann kommt ein widerliches Tröpfchen.« Ich darf so etwas schreiben, da Grass in einem übrigens scheußlichen Gedicht selber geschrieben hat: »Er steht mir noch, aber nicht so oft.«

PETER SLOTERDIJK, Philosoph: Wolf Biermann hat von vier Frauen neun Kinder, Günter Grass hatte sechs Kinder von drei Frauen, Martin Walser bringt es immerhin auf fünf Kinder. Intellektuelle, die größere Fortpflanzungsergebnisse an den Tag legen, sind selten geworden. Es ist zu befürchten, mit Martin Walser stirbt die gelebte Erotomanie in der deutschen Nachkriegsliteratur aus. Nachfolger sind nicht bekannt. Es überwiegt der Typus, der null Kinder von sieben Frauen hat.

WALTER KEMPOWSKI, Schriftsteller: Ich träumte, Günter Grass geht in meinem Haus von Bild zu Bild und sagt mir, was ich hängen lassen soll und was abnehmen. Guter Traum, er trifft. Wenn ich mit großer Welt zusammentreffe, habe ich immer noch den Ranzen auf dem Rücken. Ich bedaure, dass es kein Gespräch zwischen Grass und mir gibt, aber was wollen Sie auch mit der Sonne sprechen? Da kann man nur wie ein Hund heulen – und man heult ja gewöhnlich den Mond an.

TOMI UNGERER, Zeichner: In New York lebte ich einige Monate mit einer bildschönen Sexsklavin zusammen. Wenn ich sie fesselte, war das für sie eine große Befreiung. Weil sie den ultimativen Frieden im Gesicht hatte, glich sie plötzlich einem Engel, und man konnte sie wunderbar zeichnen. Später haben mich Dominas interessiert, deshalb verbrachte ich einige Wochen bei der berühmten Domenica in der Herbertstraße 7b in Hamburg. In ihrer Folterkammer lernte ich einen Mann kennen, der nur dann einen Orgasmus haben konnte, wenn ihm mit der Zange ein Fingernagel ausgerissen wurde. Dominas fangen da an, wo der Psychiater aufhört.

Eine meiner Zwangshandlungen ist, bei Sonnenaufgang zu singen. Das hilft mir, meine nächtlichen Dämonen zu vertreiben. Ich kam schon mit Lebensangst auf die Welt und habe jede Nacht Albträume, in denen ich verfolgt werde. Soldaten kratzen mir mit einer Eiskugelzange die Augen aus und werfen sie in einen großen Kübel, in dem Hunderte Augäpfel schwimmen. Wenn ich keine Angst mehr vor meinen Ängsten hätte, bräuchte ich nicht mehr zu zeichnen. Ich singe morgens alles Mögliche: die Internationale, Freddie Quinn, Johnny Cash, Zarah Leander und das Horst-Wessel-Lied. Sie fragen sich, warum ich die Parteihymne der NSDAP singe? Als Kind lebte ich wie eingesperrt und durfte nicht mit Gleichaltrigen spielen. Als die Nazi-Armee das Elsass besetzte, kam ich in eine deutsche Schule und hatte zum ersten Mal Freunde. Ich war unter den Nazis glücklich. Sie retteten mich vor einer furchtbaren Kindheit. Damals begriff ich, Propaganda ist eine Form der Werbung. Deshalb ist Dr. Goebbels für mich die strahlendste Figur der Mediengeschichte. Seine PR-Kampagnen waren besser als die von Coca-Cola oder McDonald's. Seine Schlagwörter – Wörter zum Schlagen – sind von genialer Einfachheit: »Ein Volk, ein Reich, ein Führer«, »Arbeit macht frei«, »Führer befiehl, wir folgen dir«. Wenn ich Plakate gegen den Neonazismus entwerfe, lasse ich mich von Goebbels' Techniken inspirieren, denn den Feind schlägt man am besten mit dessen eigenen Waffen. Mein Lebensmotto verdanke ich übrigens auch einem Nazi-Slogan: Kraft durch Freude.

JOE ESZTERHAS, Drehbuchschreiber: Nach dem Erfolg von *Basic Instinct* war ich der teuerste Drehbuchschreiber der Welt. Erfolg in Hollywood macht dich zu einem Monster. Erst zerstört dich diese Stadt, indem sie dir deinen Sinn für die Realität raubt, dann frisst sie dich genüsslich auf. Ich war ein Alkoholiker, der schon zum Frühstück Bier und Wodka trank. Meine Ehe hatte ich durch Nutten und Berge von Kokain ruiniert. Wer wirklich wissen will, was Hollywood mit Menschen anrichtet, sollte den Produzenten Robert Evans in seinem Haus besuchen. Wenn Hollywood die Hölle ist, ist er der Teufel. Seine Villa am Woodland Drive war einst die Schaltstelle des jungen Hollywood-Kinos, dann ein Mekka für Kokainpartys und Sexorgien. Am Ende roch es dort bloß noch nach Moder, billigen Duftkerzen und ranzigem Sperma.

ROBERT EVANS, Filmproduzent: Im Drehbuch von *Basic Instinct* stand kein Wort davon, Sharon Stone solle ihre Oberschenkel öffnen. Es war allein ihre Idee, ihre Vagina herzuzeigen. Seither wissen alle, ihre Pussy kann auch nicht schauspielern.

Von meinen sieben Ehen war die dritte die wichtigste. Ali MacGraw und ich haben 1969 geheiratet. Sie war damals wegen *Love Story* der größte Filmstar der Welt. Als ich 1972 beim *Paten* Ärger mit dem Regisseur Francis Ford Coppola hatte, schickte ich sie zu einem Dreh in die Wüste. Der Film hieß *Getaway*, ihr Partner war Steve McQueen. Ali war ein verträumtes Blumenkind, das viel Aufmerksamkeit brauchte. Und verdammt, ich hatte einfach keine Zeit! Ein Jahr später heirateten die beiden. Ich war ein Vollidiot. Du lässt deine Lady nicht drei Monate lang mit dem attraktivsten Mann der Welt allein, ohne sie wenigstens mal am Wochenende zu besuchen. Schuld war mein gottverfluchtes Ego. Ich dachte, dieses Hippiemädchen ist niemals imstande, einen Robert Evans zu verlassen. Und dann war sie plötzlich weg! Es ist seltsam, ich habe Ali nie wirklich vermisst, bis sie mich wegen eines beschissenen Filmstars fallen ließ. Immer vermisste ich Frauen erst, wenn sie mich verließen. Dann wäre ich in ein Becken voller Haie gesprungen, um sie wiederzukriegen.

HANS NEUENFELS, Theater- und Opernregisseur: Mit Klaus Maria Brandauer bin ich verkracht. Als wir an der Wiener Burg *Wer hat Angst vor Virginia Woolf?* probierten, klafften unsere Vorstellungen immer weiter auseinander. Wir waren bis dahin richtig toll befreundet, aber da ging zwischen uns nichts mehr. Der Burg-Intendant Claus Peymann hat uns dann erst mal alle wegen Unfähigkeit schreiend entlassen. Über mich sagte er, ich sei ein vollkommen verkorkster Suffkopp, der überhaupt nichts mehr zustande bringe und sowieso weg vom Fenster sei. Wir sind trotz der Entlassung geblieben und vierzehn Tage rumspaziert durch

Wien. Dann rief mich der österreichische Bundeskanzler Vranitzky an und sagte: »Ich möchte Sie bitten, die Proben umgehend wieder aufzunehmen, da wir alle Herrn Brandauer als Geschichtsprofessor George sehen wollen.« Die Aufführung wurde ein Riesenerfolg. Kann jemand sich vorstellen, dass Angela Merkel einen deutschen Theaterintendanten anruft, um eine Premiere zu retten?

LUC BONDY, Regisseur: Krebs ist unerträglich, aber er bringt einen auch zur Besinnung. Diese Zustände von Wachheit und Intensität müsste man eigentlich immer haben. Das Hirn funktioniert besonders gut, weil es die Beleidigung des Körpers nicht akzeptiert. Mein damaliger Chef Peter Stein sagte später: »Ich habe Luc so behandelt, als würde es sich bei seiner Krebserkrankung im Wesentlichen nur um einen Schnupfen handeln.« Das war schön. Hätte er mich wie jemanden mit Metastasen behandelt, hätte ich wahrscheinlich nicht überlebt. Dass er mich zur Arbeit zwang in einem Moment, in dem ich hätte sterben können, werde ich ihm nie vergessen. Er besuchte mich im Krankenhaus und saß so da, als müsste man zur Tagesordnung übergehen. Ich war grün im Gesicht und musste dauernd brechen – und er ging zur Tagesordnung über. Das war eine Therapie, die sehr erfolgreich war.

Ich bin kein sehr anwesender Mensch. Ich nehme sehr viel gleichzeitig auf, verarbeite es aber erst später. Deshalb haben viele das Gefühl, ich höre ihnen nicht zu. Manchmal bin ich wie hautlos. Meine Nerven sind dann absolut offen, und ich werde ganz apathisch vor Eindrücken. Für einen Künstler ist die Teilnahme am sogenannten Leben völlig unerheblich. Botho Strauß geht wegen seiner Scheuheit nie auf Partys, aber er isst im Restaurant, und da fällt sein Ohr in den Teller der Leute am Nachbartisch.

PETER BERLING, Filmproduzent, Schauspieler und Schriftsteller: Für meinen Film *Poker* bestellte ich Brigitte Bardot nach Sardinien. Wer dann nicht erschien, war ich. Ich hatte total vergessen, ihr mitzuteilen, das Projekt sei inzwischen geplatzt. Sie verzieh mir, weil ich mit Gunter Sachs befreundet war. Nach ihrer Heirat habe ich die beiden bei einem Cäsarengelage in der Villa von Roman Polanski in Rom erlebt. Die Gäste verschwanden immer mal wieder in eins der Gemächer, um mit geröteten Köpfen und derangierter Garderobe wieder am Tisch Platz zu nehmen. Bei BB und Gunter hatte man das Gefühl, zwei Monarchen begegnen sich mit ihrem Hofstaat. Von ihren Gespielinnen und Vertrauten umgeben, saßen sich die beiden an einem langen Tisch gegenüber und sprachen einander in ausgesuchter Etikette mit »Madame« und »Monsieur« an. Ich saß neben BB und kriegte von ihr dauernd Fleischbällchen und frittierte Kürbisblüten in den Mund gestopft, ob ich wollte oder nicht. Wenn ich nicht schnell genug schluckte, wurden mir die Bäckchen geklopft wie einem dicken Baby. Als Gunter mein Augenrollen sah, flüsterte er: »Weißt du jetzt, warum ich auf der anderen Seite des Tisches sitze?« Von heißer Liebe und leidenschaftlichem Verlangen war bei beiden nichts zu spüren. Zwei Berühmtheiten hatten sich durch Ehe zusammengetan, um ihren Ruhm noch einmal zu verdoppeln, und vertrugen sich, solange die Ruhmesvermehrung andauerte. Das war mehr eine für die Presse entfachte Leidenschaft, und als die dann erlosch, hatten sie sich auch nichts mehr zu sagen. Die Brigitte ist ja unter uns gesagt ziemlich strohdumm, und Gunter war ein gescheiter Hund. Das konnte gar nicht gut gehen.

MARIO ADORF, Schauspieler: Als ich Ende der Sechziger in Saint-Tropez meine Frau Monique Faye kennenlernte, war sie ein Mäuschen, das zum Hofstaat von Brigitte Bardot gehörte. Sie musste sich kleiden, wie die Bardot es sagte, also immer ein bisschen schlechter als Mademoiselle Bardot. Schon damals war diese Dame so selbstbezogen und egoistisch, dass ich bei ihr nie ein echtes Interesse an ihrer Umwelt spürte. Sie brauchte Leute zu ihren Füßen, die sie bedingungslos anhimmelten. Jetzt ist sie eine alte, kaputte, verbitterte, einsame Frau.

RICHARD DAVID PRECHT, Philosoph: Gunter Gabriel lernte ich bei einem Empfang der SPD im Willy-Brandt-Haus in Berlin kennen. Eigentlich sollte ich an diesem Abend Sigmar Gabriel treffen, aber mit Gunter Gabriel wurde es dann viel schöner. Es gibt eine Affinität zwischen Schlagertexten und Philosophie. Nehmen Sie Gunter Gabriels Song *Wenn Du denkst, Du denkst, dann denkst Du nur, Du denkst*, den er für Juliane Werding geschrieben hat. Konziser kann man den deutschen Idealismus und die Transzendentalphilosophie nicht erklären. Gabriel gehörte zu jenen Weisen, denen aus Versehen philosophische Sätze entwichen.

ROBERT WILSON, Theaterregisseur: Ich war geschockt, als ich Ende der Siebziger das erste Mal an der Berliner Schaubühne inszeniert habe. Bei Regisseuren wie Peter Stein oder Klaus Michael Grüber hatten die Schauspieler monatelang an einem Tisch zusammengesessen und über sehr, sehr dicken Büchern gebrütet. Sie nannten das »begleitendes Studium der Sekundärliteratur«. Das Ensemble war völlig perplex, als ich sagte: »Los, steht endlich auf und tut etwas, völlig egal, was!« Ich hasse es, Schauspielern vorab etwas erklären zu müssen. Erst koche ich, am Ende habe ich das Rezept. Ich kann es auch nicht ausstehen, wenn Schauspieler in sich Ähnlichkeiten mit ihrer Figur suchen, um dann angeblich besser spielen zu können. Ich nenne das *Identifuckation*.

GABRIELE HENKEL, Kunstsammlerin, Witwe des Waschmittel-Milliardärs Konrad Henkel: Meine große Künstlerliebe ist der texanische Theaterregisseur Robert Wilson. Bob wollte mich heiraten, was ja nun etwas bizarr ist für einen schwulen Mann. Vor ein paar Jahren hat er mir auf Bali in Gegenwart eines Zeugen einen Heiratsantrag gemacht und ein großes Geschenk überreicht. Es hätte aber einfach keinen Sinn mit uns beiden. Bob wechselt jede Woche den Kontinent. Soll ich ihm dauernd hinterherreisen? Sehen Sie mich in Hotels Butterbrote schmieren für seine Crew? Dieses Tempo könnte ich gar nicht mitgehen. Seine Mitarbeiter sind verzweifelt und stöhnen über die unfassbare Terminhetze. Die meisten klappen nach acht, neun Monaten zusammen. Bob ist nicht mit Muttermilch genährt worden, sondern mit Stierblut. Er verbraucht Menschen wie andere Leute Kleenex-Tücher. Natürlich wissen wir alle, er macht zu viel. Heute inszeniert er in Baden-Baden oder Hongkong, morgen in Spoleto oder auf Papua-Neuguinea. Es ist fraglich, ob er überhaupt noch mitkriegt, wo auf der Welt er gerade ist.

DIETER DORN, Theaterregisseur: Ich war kein schlechter Schauspieler, aber mir fehlte der absolute Glaube an mich selbst. Wenn ich auf der Bühne stand, beobachtete ich mit kritischem Blick, was ich machte. Wegen dieser Selbstbeobachtung kam ich nie ganz vom Ich weg und in die Figur hinein. Ich fühlte mich wie bei einem Spagat. Werner Krauss sagte einmal, er wisse gar nicht, wie er spiele. Auf der Bühne habe er neben sich einen Schatten, dem er nachspiele. Diese Unbewusstheit finden Sie bei allen großen Schauspielern.

JORGE SEMPRÚN, Schriftsteller: Im Konzentrationslager Buchenwald studierte ich Hegels *Phänomenologie des Geistes* und Schellings *Über das Wesen der menschlichen Freiheit.* Buchenwald war ursprünglich ein Umerziehungslager, deshalb gab es eine Bibliothek. Sonntags hatte man nach dem Mittagsappell ein paar Stunden zur eigenen Verfügung. Wer nicht auf seinen Strohsack im Schlafsaal fiel, wurde von einer fieberhaften Aktivität befallen. Ich gehörte einem Diskussionskreis im Block 56 an. Ein Wiener Jude hielt höchst kenntnisreiche Vorträge über Robert Musil und Hermann Broch, und wir disputierten über die Existenz Gottes. In der Nähe von Block 40, in dem ich schlief, stand die berühmte Goethe-Eiche, in deren Stamm Schiller und Goethe ihre Namen geritzt haben sollen. Ich empfand das nicht als Aberwitz, denn alle Argumente, die mich zum Kämpfer gegen den Faschismus gemacht haben, hatte ich aus deutschen Büchern. Die deutsche Sprache war in Buchenwald meine Zuflucht. Wenn die SS-Leute mich anbrüllten, ich sei ein Schwein und Scheißkerl, habe ich stumm Verse von Hölderlin und Heine rezitiert.

Natürlich gab es Glück in Buchenwald. Nicht im Winter, aber wenn im Frühling plötzlich die Buchen grün wurden und die Sonne schien, war man auf einmal für eine Minute glücklich. Sie müssen das verstehen: Ich war zwanzig, ich war am Leben, ich hatte meine kommunistischen Kameraden, und ich war im Einverständnis mit mir selbst und meiner Moral. Selbstverständlich wurde in Buchenwald auch gelacht. Wir haben vor allem über uns selbst gelacht, über unsere komische Bekleidung und die Holzpantinen an unseren Füßen. Lachen ist auch ein Kampf gegen den Tod. Wenn man nicht lacht, ist man nicht mehr am Leben.

RUTH KLÜGER, Schriftstellerin und KZ-Überlebende: Seit meinem siebten Lebensjahr las ich bei uns zu Hause alles an Lyrik, was mir in die Hände fiel. Diese frühe Bekanntschaft mit der deutschen Literatur hat mich mehr geprägt, als ich es mir später gewünscht habe. Allerdings war ich auch süchtig nach Nazi-Literatur. Den *Stürmer* fand ich unwiderstehlich, weil mir meine Eltern verboten hatten, so etwas auch nur in die Hand zu nehmen. Es wurde mir auch nie erlaubt, eine Hitler-Rede im Radio zu hören. So wurde der *Stürmer* meine Pornografie.

Wenn ich in den Konzentrationslagern stundenlang Appell stehen musste, sagte ich Gedichte von Goethe und Heine vor mich hin oder Balladen von Schiller. Ich fiel nicht um, weil es immer eine nächste Zeile zum Aufsagen gab. Fiel sie einem nicht ein, lenkte das Nachgrübeln von der eigenen Schwäche ab. Es ist kein Aberglaube, dass man Horror und Albdruck durch Kunst bannen kann. Verse vor mich hin zu sagen, war ein Gegengewicht zum sinnlosen und destruktiven Zirkus, in dem wir untergingen. Was einem Halt gab, war die Form, die gebundene Sprache, das Gereimte. Der Inhalt der Gedichte war in meiner Lage wertlos. Nehmen Sie Schillers Ballade *Ritter Toggenburg*:

Und er hörts mit stummem Harme,
Reißt sich blutend los,
Preßt sie heftig in die Arme,
Schwingt sich auf sein Roß,
Schickt zu seinen Mannen allen

In dem Lande Schweiz,
Nach dem Heilgen Grab sie wallen,
Auf der Brust das Kreuz.

Das ist natürlich ein völliger Blödsinn, so schlecht wie die meisten Schiller-Balladen, aber von Bedeutung war, der allgemeinen Auflösung etwas ästhetisch Geformtes entgegensetzen zu können. Gedichte halfen mir zu überleben. Sie sind, wie Träume, eine Möglichkeit, dem Unterbewusstsein Luft zu verschaffen. Sich mit Goethe an schöne Orte begeben zu können bewies mir, da draußen muss es eine Natur geben, die nicht so ausschaut wie die Mondkraterlandschaft der Lager.

PETER BERLING, Filmproduzent, Schauspieler und Schriftsteller: 1972 spielte ich in Werner Herzogs *Aguirre, der Zorn Gottes* die Rolle von Don Guzmán, dem ersten Kaiser von Peru. Dass Herzog mich engagieren wollte, hatte mir Klaus Kinski gesteckt. Wir gehörten zur deutschen Kolonie in Rom und spielten zusammen Tennis. Kinskis elfjährige Tochter Nastassja war für tausend Lire die Stunde unser Ballmädchen. Nach einem Match verkündete Kinski: »Ich mache bei einem Film von Herzog mit. Dich will er unverständlicherweise ebenfalls engagieren. Es geht in die Anden und den Dschungel am Amazonas.« Obwohl die Dreharbeiten auf drei Monate angesetzt waren, durfte jeder nur ein Seesäckchen mitnehmen. Als Kinski mit seinem Beutelchen einer Chartermaschine entstieg, strahlte Herzog wie ein Honigkuchenpferd: Sein großer Star hatte sich an die Anweisung gehalten! Kinski begrüßte uns, dann pfiff er auf zwei Fingern. Die Ladeklappe des Flugzeugs ging auf, und Helfer entluden mit lauten Gerumpel sieben aluminiumbeschlagene Transportkisten, groß wie Kühlschränke. Zu Kinskis Reisegepäck gehörten eine komplette Hochgebirgsausrüstung mit Sauerstoffflaschen, ein Barbecue-Grill, ein Winchester-Gewehr und ein Arzneischrank mit Kühlaggregat, in dem Seren gegen Schlangenbisse lagerten. Die nächsten drei Monate mussten die Schrankkoffer auf Flößen über Gebirgsbäche und durch den Urwald geschleppt werden.

Zwischen Herzog und dem Kameramann gab es immer wieder Kämpfe. Einmal fluchte Herzog: »Dieses wehleidige Schauspielerpack! Ich will, dass sie Flusswasser schlürfen und grüne Bananen fressen, bis sie alle das große Scheißen bekommen! Wenn sie auf allen vieren kriechen, dann musst du sie filmen, in all ihrem Elend und ihrer verzweifelten Hoffnungslosigkeit.« Das Unternehmen war tatsächlich mehr Strafexpedition als Cinema verité. Herzog wurde vom Team nur noch »Tyrannosaurus Rex« genannt.

Kinski hatte zwei Gesichter. War man mit ihm allein, war er sanft, witzig, charmant, geistreich, nachdenklich und ein aufmerksamer Zuhörer von kaum zu überbietender Hilfsbereitschaft. Doch sobald jemand dazukam, zog er eine Show ab und geiferte wüst herum. Das Ausrasten ging bei ihm ruckzuck. Man wusste nie, wen seine Ausbrüche treffen würden und ob sie überhaupt echt waren. Als wir mit Herzog in Westafrika *Cobra Verde* drehten, tobte er: »Der Kameramann stinkt! Schmeißt diesen Kretin vom Set!« Nach ein paar Wochen verbannte Kinski auch Herzog vom Set. Nun hielt er selbst die Zügel in der Hand und drehte, indem er durchdrehte. Zu den afrikanischen Statisten gehörte ein Kirchenchor aus zehn- bis zwölfjährigen Mädchen. Auf die stürzte er sich wie ein Geier und grapschte ihnen in den Schritt. Jeden Abend winkte er zwei baumlange schwarze Schönheiten zu sich und verschwand mit ihnen in seinem Bungalow. Sämtliche Sicherungen waren durchgebrannt.

Kinski hatte nur einen Freund: mich. Einmal versuchte ich, ihn mit meinem alten Freund Mario Adorf zusammenzubringen. Es ärgerte mich, dass die beiden einander nicht ausstehen konnten, obwohl sie sich nie richtig begegnet waren. Adorf hielt Kinski für eine verrückte Nervensäge, Kinski hielt Adorf für einen aufgeblasenen Angeber. Ich lud beide in mein römisches Stammrestaurant ein, und, damit mein Manöver nicht so auffiel, gleich noch einige Leute dazu. An einem Ende der Tafel saß Mario, am anderen Kinski. Als Mario die Pasta serviert werden sollte, sagte er mit schneidender Höflichkeit zum Kellner: »Bitte bedienen Sie doch zuerst den Herrn Kinski.« Als der Kellner das machte, griff Kinski den Teller mit Spaghetti, schmetterte ihn gegen die Wand und brüllte: »Ich bin doch nicht der Vorkoster für diesen Schmierendarsteller da drüben!« Dann stürmte er seinen Stuhl umwerfend aus dem Restaurant.

ULLI LOMMEL, Schauspieler und Regisseur: Meine zweite Ehefrau war die Schauspielerin und Standard-Oil-Erbin Suzanna Love. Als sie 1984 unter meiner Regie *Revenge of the Stolen Stars* drehte, verfiel sie meinem Hauptdarsteller Klaus Kinski. Am ersten Drehtag verprügelte Klaus den Tonmeister und verlangte, sofort mit der Maskenbildnerin ins Bett zu gehen. Als der Film fertig war, flog Suzanna mit ihm in seine Prachtvilla nach San Francisco. Warum, müssen Sie sie fragen. Sie stellte dann sehr schnell fest, sie war eine Gefangene, denn Klaus behandelte sie wie Natascha Kampusch. Wenn er zum Einkaufen fuhr, wurde sie gefesselt und geknebelt. Er empfand das wahrscheinlich als Liebesspiel. Als sie in einem unbewachten Moment telefonieren konnte, sagte sie mir: »Bitte komm sofort und befreie mich! Klaus hält mir dauernd seinen Revolver an den Kopf und droht, mich umzubringen.« Ich mietete einen Bodyguard, der zwei Pistolen mitbrachte. Als Klaus die Tür öffnete, schlug ihm der Bodyguard mit der Faust ins Gesicht. Das paranoide Monster bewusstlos am Boden zu sehen war eine schöne Entschädigung für die grauenhaftesten Dreharbeiten meines Lebens.

WERNER HERZOG, Filmregisseur: *Cobra Verde* war mein letzter Film mit Klaus Kinski. Am Ende der Dreharbeiten sagte ich: »Es ist aus jetzt. Ich wünsche dir nichts Schlechtes – nur den Tod!« Das war ein schöner Satz. Der Tod war nicht als Strafe gedacht. Ich sah voraus, Kinski würde sich immer mehr in völlige Isolation bringen. Es wäre ganz elendlich gewesen, wenn seine Existenz noch weitere zwanzig Jahre gehabt hätte. Die Nachricht von seinem Herztod erreichte mich auf Sizilien. Einer sagte: »Wie arg, dass der Kinski gestorben ist.« Für mich war das nur Gesage. Die Realität seines Todes verstand ich erst Monate später, als mich seine Frau zur Totenfeier einlud. Weil er nicht begraben werden wollte, fuhren wir mit einem Boot von San Francisco aufs offene Meer. Als ich meine Hände mit seiner Asche füllte und sie ins Meer warf, ging ein Stich durch mich: Jetzt ist er wirklich tot!

MARIO ADORF, Schauspieler: Der Humor von Werner Herzog entsprach ungefähr seinem Englisch, und das ging so: »We ditt kwite well, but we ken do weller.«

DIETER DORN, Theaterregisseur: Als Intendant der Münchner Kammerspiele habe ich elf Stücke von Herbert Achternbusch uraufführen lassen. In einem hatte er versehentlich »Fischsuppe« statt »Fischschuppe« getippt. Obwohl der Irrtum vom Theater bemerkt wurde, hieß es auf der Bühne bis zur letzten Vorstellung »Fischsuppe«. Normalerweise hätte man den Autor angerufen und auf seinen Fehler aufmerksam gemacht, aber beim Anarchisten Achternbusch empfahl sich das nicht. Er war nie bereit, auch nur eine Silbe an seinen Stücken zu ändern. Wenn ein Satz in der Mitte abbrach, weil das Farbband seiner Schreibmaschine leer war, erklärte er diesen Halbsatz zur unantastbaren Kunst.

PETER SLOTERDIJK, Philosoph: Wenige Tage vor seinem Tod schrieb Frank Schirrmacher in einer SMS an Mathias Döpfner, er wolle sich künftig mehr um »die adriatische Stimmung des Lebens« bemühen. Die Entwicklung einer mediterranen Stimmung auf deutschem Boden wäre Schirrmachers bester Plan geworden. Von dem Moment an wären wir offene Komplizen gewesen. Er hatte aber gleichzeitig diese napoleonische Komponente im Leib. Die drückte sich darin aus, dass er es auch mit dem Wenig-Schlafen übertreiben musste. Er hatte den Mythos verinnerlicht, dass ein großer Chef fast nie schläft. Auf dem Gebiet der Überanstrengung ist Schirrmacher weit gegangen. Sein verfrühter Tod hat mir enorm leidgetan, nachdem ich ihn in den letzten zwei, drei Jahren besser kennengelernt hatte. Mit einem Mal erschien er mir von einer Ernsthaftigkeit und menschlichen Zugewandtheit, die ich zuvor bei ihm nicht wahrgenommen hatte. Bis dahin fand ich sein Auftreten etwas zynisch, und auf seinen früheren babyfacehaften Ausdruck konnte ich mir keinen Reim machen. Unser gemeinsamer Freund Hans Ulrich Gumbrecht hat die Formulierung geprägt, Schirrmacher habe vor Begeisterung über seinen Beruf vergessen, die Kindheit abzulegen.

DENIS SCHECK, Kritiker: Wenn ich lese, wie der unglaubliche Windbeutel Frank Schirrmacher posthum als Meisterdenker seiner Generation gefeiert wird, kriege ich einen Lachkrampf und habe wundgebissene Backen. Das war ein flamboyanter Mensch mit einer Nase für den Zeitgeist, gar keine Frage, aber er besaß die intellektuelle Substanz eines Käsesoufflés.

MARTIN MOSEBACH, Schriftsteller: Wenn Künstler beginnen, sich über Politik auszulassen, denke ich an den Bildhauer Alfred Hrdlicka, der zu mir sagte: »Ich wollte Figuren machen, und wenn man, um Figuren zu machen, Kommunist sein musste, dann war ich halt Kommunist.«

HELMUT BERGER, Schauspieler: Aristoteles Onassis und Maria Callas luden mich mal auf ihre Jacht *Christina* ein. Maria hatte Komplexe wegen ihrer fetten Schenkel und war eine ziemliche Nervensäge. Wenn sie schwimmen ging, musste der Butler Spezialanfertigungen für ihre Schoßhündchen zu Wasser lassen. Das waren so kleine Luftmatratzen mit Minisonnenschirmen drauf, die die zarte Haut ihrer Lieblinge schützen sollten.

Auf der Jungfernfahrt seiner Jacht *Atlantis* verwies mich der griechische Reeder Stavros Niarchos von Bord. Eine mitgereiste Freundin von mir hatte im Bidet ihrer Kabine Sojabohnen angepflanzt, weil sie strenge Vegetarierin ist. Mir warf Stavros vor, ich hätte beim Dinner vergessen, mir untenherum was anzuziehen. Ich packte daraufhin meine zehn Louis-Vuitton-Koffer und warf einen nach dem anderen über Bord. Das versöhnte ihn wieder.

JUERGEN TELLER, Fotograf: Ich habe für das Magazin *Details* O. J. Simpson in einem Hotel in Florida fotografiert. Er sagte, ich solle mir ein paar Mädchen aufs Zimmer bestellen, denn er habe noch ein, zwei Stunden lang zu tun. Dabei zeigte er auf eine junge Blondine, die sehr deutsch aussah. Als ich die ersten Fotos von ihm machte, fragte er aus heiterem Himmel: »Juergen, was glaubst du, wer hat meine Frau umgebracht?« Ich kriegte Panik und druckste rum: »Keine Ahnung, ich war nicht dabei.« Er brach in höllisches Gelächter aus und rief: »Nur Gott kennt den Täter!«

HELMUT NEWTON, Fotograf: Mein liebstes Pin-up-Girl ist Margaret Thatcher. Ich war jahrelang verrückt nach ihr, denn sie verkörpert Macht, und Macht ist für mich etwas sehr Sexuelles. Ich wollte nicht wirklich mit Frau Thatcher schlafen, aber sich so etwas vorzustellen ist doch fantastisch. Als sie gerade als Premierministerin zurückgetreten war, durfte ich sie in einem kalifornischen Hotel für *Vanity Fair* fotografieren. Ich war zittrig wie ein Sextaner. Mit einem Strauß zerknautschter Rosen in der Hand wartete ich in der Hotelsuite, und jedes Mal, wenn ich Schritte auf dem Gang hörte, rannte ich zur Tür. Ich bin beim Fotografieren ein alter Hase, aber sie war der noch ältere Hase. Ich wollte sie am Swimmingpool fotografieren, weil da ein wahnsinniger Wind wehte, von dem ich hoffte, er würde ihre Betonfrisur durcheinanderbringen. Als sie ablehnte, sagte ich: »Madam, kreuzen Sie doch bitte mal Ihre Beine.« Die waren nämlich nicht schlecht, müssen Sie wissen. Ihre Antwort war: »Nein, das ist absolut unnötig!« Auf den Fotos hat sie nichts von sich preisgegeben. That lady is very, very clever.

CHRISTIAN THIELEMANN, Dirigent: Ich bin zwar Musikdirektor der Bayreuther Festspiele, dränge aber keinem Dirigenten meine Meinung auf. Die Festspiel-Chefin Katharina Wagner sagt von sich aus auch nichts mehr. Eigentlich ist das todtraurig, denn Wolfgang Wagner war anders. Der saß in meinen Proben, rief mich im Orchestergraben an und sagte: »Zu langsam!« Daraufhin habe ich schneller dirigiert. Besser war noch, als er meinen Assistenten anrief und der mir bestellte: »Herr Wagner sagt, es ist zu laut.« Daraufhin habe ich abgebrochen und zum Orchester gesagt: »Meine Damen und Herren, Herr Wagner findet uns zu laut. Also bitte, wir spielen jetzt einfach leiser.« So war der. Würde ich das heute machen, würde man mich vors Arbeitsgericht zerren. Als ich nach einer *Meistersinger*-Aufführung mal nackt aus der Dusche kam, stand Wolfgang Wagner im Frack vor mir und hielt mir einen Vortrag, was ich falsch gemacht hätte. Anfangs tat ich so, als wäre nichts, aber dann wagte ich doch zu fragen, ob ich mir vielleicht etwas anziehen dürfte. Wagner entgegnete barsch: »Nun glauben Sie mal nicht, Sie sind der erste nackte Mann, den ich in meinem Leben sehe!«

DENIS SCHECK, Kritiker: Ein befreundeter Verleger hielt es für eine gute Idee, Harald Schmidt und mich zum Essen in sein Haus einzuladen. Der Abend war ein totales Desaster. Die Zunge wurde einem lahm, totales kommunikatives Versagen auf beiden Seiten. Wir waren wie zwei Aale, die sich umarmen wollten. Ein anderer Verleger erzählte mir, Siegfried Lenz habe das dringende Bedürfnis, mich kennenzulernen. Wahrscheinlich rief er daraufhin Lenz an und sagte: »Herr Scheck hat das dringende Bedürfnis, Sie kennenzulernen.« Als wir uns trafen, guckte Lenz mich an wie etwas, was der Hund reingetragen hat, und verspürte nicht das geringste Bedürfnis, auch nur Guten Tag zu sagen – ein Non-Event.

MARTIN WALSER, Schriftsteller: Helmut Kohl hat mal Schriftsteller eingeladen. Da war man zu elft. Wir haben zu Abend gegessen und dann geredet. Einer dieser Schriftsteller hat das Verhältnis Kohls zur deutschen Sprache kritisiert. Ich habe mich da so geniert, dass ich sofort anfing, von seiner Sprache zu schwärmen. Unser aller Schiedsrichter habe dann, hieß es, kolportiert, das Furchtbarste an diesem Abend sei gewesen, wie ich mich bei Kohl angebiedert hätte. Dabei war ich nur durch diese scheußliche Taktlosigkeit provoziert, dass ein Intellektueller seinen belletristisch-feuilletonistischen Sprachgebrauchsmaßstab nimmt und ihn einem Politiker strafend vorhält.

ROBERT GERNHARDT, Lyriker: Martin Walser sagte mir, er kenne keinen Schriftsteller, der nicht lieber Lyriker wäre. Das verstehe ich nicht. Ich habe auch beim Prosaschreiben erhebende Gefühle. Es ist etwas sehr Schönes und Gottähnliches, morgens noch mal die zehn Seiten Prosa vom Vortag durchzulesen und dann zu überlegen: Wir haben Olga eingeführt, was machen wir jetzt mit Olga?

DIANE VON FÜRSTENBERG, Modedesignerin: Ende der Siebziger war ich mit Richard Gere zusammen. 1980 schrieb ich bei einem Strandspaziergang auf Bali um fünf Uhr morgens mit großen Buchstaben »Vergiss Richard« in den Sand. Er war eine Obsession für mich geworden, ich fühlte mich abhängig von ihm. Da ich es hasse, die Kontrolle zu verlieren, musste ich ihn aus meinem Leben exorzieren. Ich habe in den vergangenen fünfzig Jahren gelitten, mich abgewiesen und mies behandelt gefühlt, aber ich habe es nie zugelassen, dass ein Mann mein Herz bricht.

PAUL NIZON, Schriftsteller: Die größte Begegnung meines Lebens war Elias Canetti. Wir wurden uns 1964 in der Kronenhalle in Zürich vorgestellt. Es entwickelte sich eine herzliche Beziehung, die meinerseits mit einer großen Verehrungsbereitschaft zusammenging. Ich habe nie wieder eine Person mit einem derart reichen und breitgefächerten geistigen Universum erlebt. Literarisch stellte ich ihn über mich, was bei mir selten ist, da mein Charakter nicht auf Verehrung angelegt ist. Bei vielen Autoren muss ich an einen Satz von Botho Strauß denken: »Sie sind wohl übers Ufer getreten, Sie Rinnsal!« Meist besuchte ich Canetti um fünf Uhr nachmittags, dann führten wir berauschende Gespräche bis fünf Uhr morgens. Wir waren per Sie. Seine Frau gab mir zu verstehen, niemand dürfe ihn Elias nennen. Auch sie sprach immer nur von »Canetti«. Meine Neugierde wird seit jeher von Abgründen und Dunkelzonen angezogen, und das führte manchmal zu einem Dissens mit Canetti. Ich sagte ihm, ich fände seine Erinnerungsbücher bis zur Unglaubwürdigkeit geschönt und könne sie deshalb fast nicht lesen. Sie kämen mir vor wie von einem Mann ohne Sexus geschrieben. Er empfand mein Urteil als heftige Zumutung und erwiderte gereizt: »Wissen Sie, in Ihrem *Jahr der Liebe* mag ich den ganzen Sexus auch nicht!« In den nächsten Jahren bekam ich seine Bücher ohne Widmung. Einmal verblüffte er mich, als er mit Emphase sagte: »Ich war gerade in Israel, und ich sage Ihnen, da gibt es riesige, blonde Weiber! Man möchte diese Stuten sofort bespringen!« Ich dachte: Was? Bespringen? Das war nun wirklich eine Ausdrucksweise, wie ich sie bei ihm noch nie gehört hatte. In seinem Nachlass wurden Aufzeichnungen gefunden, die ihn als diabolischen, größenwahnsinnigen Hasser zeigen. Diese Seite von ihm habe ich nie gespürt. Die Schlangengrube und den hassenden Machtmenschen in sich zeigte er mir nie. Er strahlte ein ansteckendes Lebensvergnügen aus und war mit seiner strindbergschen Mähne und seiner Vitalität alles andere als ein trübsalblasender Stubengelehrter. Nach seinem Tod erfuhr ich, ich hatte jahrzehntelang einem wahnsinnigen Erotomanen gegenübergesessen. Er war ein Faun gewesen, der einen kleinen Harem aus jungen, schönen Adeptinnen beschlief, mit Zustimmung seiner Frau Veza, die das Ganze organisierte.

GERHARD STADELMAIER, Theaterkritiker: Günther Rühle, einer meiner Vorgänger bei der *FAZ*, versuchte sich mal als Intendant in Frankfurt – und scheiterte prompt. Im dritten Jahr seiner Intendanz lief er vor einer Premiere mit Heiner Müller durch die Gänge und sagte: »So, jetzt wollen wir den Schauspielern doch mal kurz toi, toi, toi wünschen.« Er machte eine Tür auf – niemand im Raum. Er machte eine zweite Tür auf – niemand im Raum. Er machte eine dritte Tür auf – wieder niemand im Raum. Rühle kriegte einen immer röteren Kopf. Dann kam der Inspizient vorbei und sagte: »Herr Rühle, wenn Sie die Schauspieler suchen, die sind eine Etage höher.«

LEANDER HAUSSMANN, Theaterregisseur: Dieser Stadelmaier verhöhnt mich in der *FAZ* als »Shooting Bub« und »Deutschlands fröhlichste Regienull«. Das sind brillante Formulierungen, die mir gefallen würden, wenn sie einem Kollegen gelten würden. Aber ehrlich, sag so was mal zu einem Hells Angel, dann bist du ein toter Mann, einfach so.

ALFONSO PRINZ ZU HOHENLOHE, Gründer des Marbella Clubs an der spanischen Costa del Sol: Unser Familienschloss El Quexigal östlich von Madrid verfügte über sechsundneunzig Räume und einen Weinkeller, der sich über einen Kilometer hinzog. Man hatte sechsunddreißig Diener und ist mit zweiundsiebzig Schrankkoffern gereist. Extremer Reichtum war im Marbella Club allerdings nie ein Freibrief für stilloses Benehmen. Tina Onassis lag mir dauernd mit dem Vorwurf in den Ohren, bei mir gebe es keinen persischen Kaviar zu essen. Schließlich bat ich den Koch, Gewehrschrot mit Petroleum einzureiben und ihn der Dame als Kaviar zu servieren. Als sie den ersten Löffel im Mund hatte, schrie sie mich an: »Du Mörder!« Sie sah aus, als würde sie lebende Ratten erbrechen.

Als Friedrich Karl Flick mich auf seine Jagd im Burgenland einlud, kam es zum Eklat. Seine Fasane waren so vollgefressen, dass sie gar nicht richtig hochflogen. Als Zeichen meiner Missbilligung schoss ich mit meiner Churchill-Flinte so an die vierzig Stück ab – und das mit einer Hand. Für einen Jagdherren gibt es keine größere Beleidigung.

INGE FELTRINELLI, Fotografin und Verlegerin: Da ich ein flottes Mädchen war, wurden mir Anfang der Fünfziger die Verleger Rudolf Augstein und Axel Springer vorgestellt. Beide waren noch auf ihrem Weg nach oben und sehr *easy going*. Axel Springer war noch total unpolitisch, dafür sehr elegant und sehr *charming*. Er war ein Dandy, der Veilchensträuße an junge Mädchen wie mich schickte und Sätze sagte wie: »Männer wie ich sind an der Grenze. Wir haben viele feminine Seiten, und deshalb mögen uns die Frauen.« Ein Lieblingsspruch von ihm lautete: »Wenn ich gefragt werde, ob ich im Dritten Reich verfolgt wurde, sage ich immer: ›Nur von Frauen!‹« Rudolf Augstein fuhr in großen amerikanischen Cabriolets um die Alster und sprach junge Frauen an. Er war klein und sah in seinen Straßenkreuzern noch kleiner aus, aber für ihn waren sie ein Schutz, um seine

Schüchternheit zu verbergen. Tanzen konnte er überhaupt nicht. Er hüpfte herum wie ein Osterhase.

JOACHIM KAISER, Kritiker: Der große Theaterschauspieler Will Quadflieg gestand in fortgeschrittenem Alter, alles, was in Kunst übersetzt sei, berühre ihn stärker als sein privates Schicksal. Über Figuren aus Dramen und Romanen könne er weinen, aber den eigenen Gefühlen gegenüber sei er seltsam distanziert. Seine Frau soll ihn oft gefragt haben: »Warum lernst du mich nicht mal auswendig?« Ich fürchte, ich bin genauso wie Quadflieg. Als meine Frau schon schwer krebskrank war, sagte sie mir mit Bitterkeit in der Stimme: »Du interessierst dich nur für Menschen, wenn sie zwischen zwei Buchdeckeln sind.«

ULLI LOMMEL, Schauspieler und Regisseur: Ich arbeite seit mehr als dreißig Jahren an dem Film *The Death of Marilyn Monroe*. Ich mische Spielszenen, Dokumentarmaterial und Interviews, die ich mit Billy Wilder, Tony Curtis, Frank Sinatra und Jackie Kennedy geführt habe. Keiner von ihnen sprach gut über Marilyn. Tony Curtis sagte: »Sie hat immer gerochen, als käme sie gerade aus irgendeinem Bett. Da half auch Chanel No. 5 nichts.« Billy Wilder beschwerte sich, sie sei zum Drehen immer sieben Stunden zu spät gekommen. Als ich ihn nach seiner Theorie über ihren Tod fragte, winkte er ab: »Der Tod interessiert mich nicht, es sei denn, man stirbt beim Sex. Aber das ist nur wenigen vergönnt.« Tony Curtis erzählte mir, Marilyn habe zwei Tagebücher geführt. Das eine habe sie in ihrem Testament Anna Strasberg vermacht, das andere habe sie zwei Tage vor ihrem Tod ihm anvertraut. Er zeigte mir ihre Aufzeichnungen. Der Einband war aus rotem Leder, die Seiten waren mit dunkelblauer Tinte beschrieben. Viele Sätze waren durchgestrichen. Tony sagte, sie sei zum Zeitpunkt ihres Todes von Bobby Kennedy schwanger gewesen. Bobby habe sie von ihrer Schwangerschaft nichts erzählt. Sie wollte das Kind zur Welt bringen und niemandem verraten, wer der Vater ist. Über ihren Hausarzt sei die Geschichte dann zu den Kennedys gelangt, und die hätten sie daraufhin umbringen lassen.

Jackie Kennedy nach ihrer Theorie zu Marilyns Tod zu fragen war ein absolutes *no go*. Deshalb fragte ich sie nachts um drei im Studio 54 aus, nachdem sie schon einige Gläser Veuve Clicquot getrunken hatte. Sie sagte: »Marilyn und ich haben die gleiche Stimme. Einmal rief ich Jack im Weißen Haus an. Ich tat so, als sei ich Marilyn, und flirtete mit ihm. Dieser elende Hund! Es ist ja kein Geheimnis, dass er was mit der Monroe hatte. Boys will be boys.« Jackie behauptete, die Mafia habe Marilyns Haus verwanzt. Als sie von ihrem Arzt eine Beruhigungsspritze bekommen hatte und schlief, sei ein Mafioso eingebrochen und habe ihr ein tödliches Zäpfchen in den Po geschoben, das keine nachweisbaren Spuren hinterließ. Die Mafia habe gehofft, Marilyns Tod würde den Kennedys angelastet werden.

PETER SCHMIDT, Produktgestalter: Ende der Sechziger lernte ich in Hamburg eine junge Frau kennen, die Heidemarie Jiline Sander hieß, aus Wesselburen in Dithmarschen stammte und später unter dem Namen Jil Sander weltberühmt wurde. Sie schlief mit Männern und Frauen, was ihre Attraktivität noch steigerte. Ich gebe zu, auch ich war vernarrt in sie. Als sie ihr erstes Parfüm auf den Markt brachte, bat sie mich, den Flakon zu gestalten. Als ich fertig war, ließ ich eine übergroße Version des Flakons aus Acryl bauen und zeigte ihn ihr. Sie stand auf, umarmte mich und sagte: »Peterchen, dieser Flakon, das bin ich! Das ist meine Welt!« Der Flakon wurde in die Sammlung des Museum of Modern Art in New York aufgenommen. Von da an habe ich alles für Jil gestaltet, aber die Zusammenarbeit wurde immer enervierender. Man lebte mit ihr am Rande des Wahnsinns. Je größer ihr Unternehmen wurde, desto stärker wurden ihre Selbstzweifel. Ich begriff, dass sie erst mal Entwürfe zum Ablehnen brauchte. Deshalb präsentierte ich ihr meinen Favoriten immer erst ganz zum Schluss. Obwohl sie mit ihrem eigenen Gesicht warb, empfand sie Fotoaufnahmen als Qual und bekam vor Unsicherheit und Nervosität Weinkrämpfe. Ich musste dann ihre Hand halten. Sie hatte zwei konträre Seiten: Es gab das hilflose, schüchterne Kind, das in Männern Beschützerinstinkte weckte, und es gab die berechnende Business-Frau, die in Verhandlungen zu keinen Kompromissen bereit war. Mit den Jahren hatte ich den Eindruck, ihre Schüchternheit sei nur noch gespielt, um taktische Vorteile zu erzielen. Sie wollte als scheue, ätherische Modepuristin gesehen werden, der nichts an Kommerz liegt. Jils Geschichte ist auch die Geschichte einer Idealisierung und Stilisierung. Nach einem Krach zwischen uns gab es ein paar Monate Funkstille. Dann beschlossen wir, unsere Versöhnung auf dem Mount Everest zu feiern. Ein Helikopter brachte uns auf fünftausend Meter Höhe, aber es half nichts, der Riss war nicht mehr zu kitten.

HANNELORE HOGER, Schauspielerin: Ich war ein Jahr alt, als ich 1943 mit einer Blut- und Lymphvergiftung viele Monate in einem Hamburger Krankenhaus lag. Vom Himmel fielen Bomben englischer und amerikanischer Flugzeuge. Der rechte Arm sollte mir abgenommen werden, aber dann gaben die Ärzte mich auf. Ich soll schon in der Totenkammer gelegen haben. Meine Mutter hat mich dann aus dem Krankenhaus geklaut und zu Hause gesund gepflegt. Später habe ich viel mit dem argentinischen Regisseur Augusto Fernandes gearbeitet. Er hielt Fantasie für verwahrte Erfahrung und glaubte, in jedem von uns ruhe ein versunkener Kontinent aus Verletzungen, Bildern, Düften und Tönen. Er machte mich darauf aufmerksam, dass ich auf der Bühne oft die Arme ausstrecke, als solle jemand kommen und mich in den Arm nehmen.

MICHAEL BALLHAUS, Kameramann: Das schönste Kompliment meines Lebens machte mir Mike Nichols, als wir *Die Waffen der Frauen* drehten: »Mit dir zu arbeiten ist, im Himmel zu sein, ohne dafür sterben zu müssen.«

MARGARETE MITSCHERLICH, Psychoanalytikerin: Ich war siebenundzwanzig Jahre lang mit Alexander Mitscherlich verheiratet. Er schlug unseren Sohn. Er hatte ohne Zweifel cholerische Reflexe und konnte durchaus mal jemandem eine Ohrfeige geben. Auch die fünf Kinder aus seinen früheren Ehen beklagten sich über seine Ohrfeigen. Einmal wollte unser Sohn nicht gewaschen werden und führte sich unglaublich auf. Da knallte mein Mann ihm spontan eine. Ich dachte, und da sehen Sie meinen Narzissmus: Mein Kind schlägt man nicht! Das kommt überhaupt nicht infrage! In dieser Situation stellte ich Alexander ein Ultimatum: »Wenn du unser Kind noch ein einziges Mal schlägst, dann gehe ich!« Er hat es dann auch nie mehr getan.

INGE FELTRINELLI, Fotografin und Verlegerin: 1960 heiratete ich den italienischen Verleger Giangiacomo Feltrinelli. Vier Jahre später verbrachten wir einen Monat bei Fidel Castro in Kuba. Er hatte uns eingeladen, weil er seine Autobiografie schreiben wollte und einen Verleger suchte, der mit seinen Ideen sympathisierte. Wir wohnten in der Villa eines geflohenen Zuckerbarons, die als Gästehaus der Regierung genutzt wurde. Im Park patrouillierten schwer bewaffnete Revolutionsgarden. Ein Butler brachte uns die besten französischen Bordeauxweine aus dem Keller, aber Giangiacomo winkte ab: »Heben Sie diese Flaschen für andere Gäste auf. Wir trinken lieber kubanischen Rum.« In den ersten zwei Wochen ließ Castro sich nur ein einziges Mal blicken. Man vertröstete uns mit immer neuen Ausreden. Später lud er uns öfter zu sich nach Hause ein. Er lebte in einem schlichten, modernen Bungalow. Auf dem Dach gab es einen kleinen Hühnerstall und einen Basketballkorb. In den Pausen spielten die beiden Männer gegeneinander, aber selbst dabei legte Castro seine olivgrüne Militäruniform nie ab. Er redete wie ein Wasserfall und war kein guter Zuhörer. Er lebte in seiner eigenen Gedankenwelt und schien laut Giangiacomo wenig Marx gelesen zu haben. Zu mir war er sehr charmant und *entertaining*. Am meisten beeindruckten mich seine unglaublich schönen Hände.

HARRY MULISCH, Schriftsteller: Jeder, der Macht erwirbt, denkt, es liegt an seiner Persönlichkeit. Dabei hatte die Macht von Leuten wie Hitler und Stalin physische Gründe. Es war ihre fleischliche Konstitution, ihre Motorik. Dalí sagte über Hitler: »Ich liebe seinen Rücken.« Der Philosoph Karl Jaspers fragte einmal seinen Kollegen Martin Heidegger: »Wie kann ein so ungebildeter Mensch wie Hitler Deutschland regieren?« Heidegger antwortete ihm: »Bildung ist gar nicht wichtig. Sehen Sie sich mal Hitlers schöne Hände an.« Ich war mal bei Albert Speer, Hitlers Architekten, um für ein Buch zu recherchieren. Er sagte: »Hitler ist für mich immer noch leibhaftig anwesend.« Er sagte »leibhaftig«, nicht »im Geiste«. Er war immer noch verliebt in dieses Führerfleisch. Ich fragte ihn, ob er später mit einem anderen Politiker eine vergleichbare Erfahrung gemacht habe. Er nickte, kam aber nicht auf den Namen. Den hatte er freudianisch verdrängt. Schließlich kam der Name doch noch aus ihm raus: Rudi Dutschke, der Bürgerschreck, der Anti-Hitler. Aber ich verstand ihn genau: diese fanatischen Augen! Führerfleisch.

STEVEN SPIELBERG, Filmregisseur: Kein Filmemacher hat mich in meiner Kindheit stärker traumatisiert als Walt Disney, aber wenn in seinen Filmen der Horror den Höhepunkt erreichte, war es dieser Walt Disney, der mir zur Hilfe eilte und mich rettete. Diese Angstlust ließ mich dem nächsten Disney-Film entgegenfiebern. Jeder Schrecken wird mit der gleichen Dosis Freude und Gelächter belohnt: Das ist die klassische Rezeptur für Märchen, die ich mag. Erfunden hat sie Walt Disney. Den *Struwwelpeter* von Heinrich Hoffmann mochte ich nie. Man kann am Ende dieser Geschichten nicht erleichtert aufatmen, weil es keine Rettung oder Erlösung gibt. Erzählt wird von fehlgeleiteten Kindern, die durch eine grausame Lektion auf den Pfad der Tugend gebracht werden sollen. Du lutschst dauernd am Daumen? Dann schneiden wir dir mit einer Riesenschere beide Daumen ab! Kindern mit dem Schlimmsten zu drohen ist schwarze Pädagogik, und an die glaube ich nicht. Das Böse kann niemals das Gute gebären. Ein Urgesetz des Erzählens lautet: Um Dramatik zu erzeugen, braucht man Dunkelheit – aber auch Licht.

FÜNFTES KAPITEL

in dem Thomas Mann in den vergifteten Erinnerungen seines Enkels lebendig wird, Vladimir Nabokov auf dem Totenbett von seinem Sohn fotografiert wird, Tony Curtis in Unterhose Cabrio fährt, Keith Richards ein Kilo Heroin bestellt, Ferdinand von Schirach der Appetit vergeht, Jonathan Meese mit Joseph Beuys abrechnet, Bianca Jagger ihre Habgier entblößt, Warren Beatty ein Bond-Girl aufreißt, André Heller als Zuschauer im Wiener Burgtheater ein Kofferradio plärren lässt, während auf der Bühne Othello gespielt wird, und Jeff Koons ältere Damen mit der Behauptung schockt: »Rembrandt benutzte für seine Kunst Pinsel, ich benutze meinen Schwanz.«

RUTH KLÜGER, Schriftstellerin und KZ-Überlebende: Imre Kertész kam mit vierzehn nach Auschwitz und Buchenwald, ich mit zwölf. In seinen Tagebüchern schreibt er, das wirklich Irrationale und tatsächlich Unerklärbare der Lager sei nicht das Böse gewesen, sondern das Gute. Ich trauere Kertész nach. Er ist mir lieb, weil er den Mut hatte zu sagen, dass es bei den Häftlingen in Auschwitz auch Komik, Gelächter, Lebenslust und Glück gab. Was er über die Unerklärbarkeit des Guten sagt, habe ich selbst erlebt. Bei der Selektion in Auschwitz wurden Frauen im Alter von fünfzehn bis fünfundvierzig Jahren als Zwangsarbeiterinnen ausgewählt. Die anderen kamen in die Gaskammer. Ich war zwölf und nach fast zwei Jahren Theresienstadt unterernährt und unentwickelt. Eine freundliche Schreiberin, ein Häftling wie ich, vielleicht neunzehn oder zwanzig, flüsterte mir zu, ich solle mich für fünfzehn ausgeben. Der amtierende SS-Mann sah mich misstrauisch an und sagte, die ist aber noch sehr klein. Die Schreiberin behauptete kühn, ich würde dennoch eine gute Arbeiterin abgeben, da ich muskulöse Beine hätte. Er zuckte die Achseln und ließ es gelten. Diesen Sekunden verdanke ich mein Weiterleben. Die Schreiberin hatte kein Motiv. Das ist das Unerhörte ihres Verhaltens. Das Gute hat keine Ursache als sich selbst und will auch nichts als sich selbst. Ich wollte, ich hätte meine Retterin irgendwann treffen können. Hat sie es vielleicht für andere auch gemacht? Und hätte ich es für sie gemacht? Ich weiß es nicht. Diese Frau war der Zufall meines Lebens. Das zum Tode verurteilte Kind hatte eine Lebensverlängerung gewonnen.

JORGE SEMPRÚN, Schriftsteller: Imre Kertész war wie ich in Buchenwald. Er sagt, das Böse könne er sich erklären, das Gute nicht. Der Kern meiner Lagererfahrung ist, ein Mensch kann tagsüber ein KZ leiten und abends ein vorbildlicher Familienvater sein. Kultur und rasende Zerstörungswut in sich zu vereinen ist das Geheimnis des Menschen. Natürlich kenne ich den Ekel vor Menschen, aber mein Mitgefühl mit der menschlichen Schwäche ist stärker. Ich schreibe und rede über Buchenwald, weil sich in einem KZ das Gute und das Böse radikal zuspitzen. Ich habe gesehen, wie ein Häftling dem anderen das Brot stiehlt und damit das Leben seines Kumpanen um viele Tage verkürzt. Ich habe aber auch gesehen, dass Menschen ihr kleines Viertel Brot geteilt haben. Warum nur das Böse beschreiben und nicht auch Beispiele von Solidarität und Brüderlichkeit?

Es ist abwegig, jüngeren Autoren wie Jonathan Littell vorzuwerfen, sie schrieben Romane über Nazigräuel ohne die Autorität der Zeugenschaft. Niemand hat für die Shoah das Copyright. Es ist nicht nur legitim, den Schrecken zu erfinden, sondern auch wünschenswert. Reale Erfahrungen werden irgendwann zu toten Museumsstücken, deshalb wäre ein Fiktionsverbot fatal. Nur die Dichter können das Erinnern erneuern und die unglaubliche historische Wahrheit glaubhaft machen. Ohne ihre Erfindungen stirbt das Erinnern. Unsere Wahrnehmung des Dreißigjährigen Krieges wird nicht von Historikern geprägt, sondern von Brechts *Mutter Courage*. Wer heute auf die Welt kommt, wird sich irgendwann mit Littells Roman ein Bild von der Shoah machen können. Es beruhigt mich, dass Zeugen wie ich nicht mehr gebraucht werden. Manchmal stelle ich mir vor, ein Kamerateam macht irgendwann den letzten KZ-Überlebenden ausfindig und überschüttet ihn mit Fragen. Was soll dieser Mensch tun? Er kann nur schweigen oder sich umbringen, denn die Verantwortung, Bericht abzulegen, wäre einfach zu groß.

FRIDO MANN, Psychologe und Schriftsteller, Enkel von Thomas Mann: Ich bin das Vorbild für den engelhaft schönen Nepomuk Schneidewein in *Doktor Faustus*. Mein Großvater ließ mich in seinem Buch mit vier Jahren qualvoll sterben. Als *Doktor Faustus* 1947 erschien, war ich sieben und lebte oft bei meinen Großeltern in Los Angeles. Zu den Besuchern in ihrem Bungalow am San Remo Drive in Pacific Palisades zählten exilierte Berühmtheiten wie Theodor W. Adorno, Otto Klemperer, Artur Rubinstein, Arnold Schönberg, Franz Werfel und Lion Feuchtwanger. Meine Kinderohren und -augen nahmen auf, da war etwas seltsam. Die Besucher deuteten mit dem Finger auf mich und tuschelten: »Das ist doch der kleine Nepomuk, der vom Teufel geholt wird.« In den verstohlenen Blicken lag Entsetzen, Mitleid, Neid und Sensationslust. Erst als ich mit dreizehn *Die Entstehung des Doktor Faustus* las, wusste ich, was los war. Ich fühlte mich missbraucht und ausgenutzt, aber meine literarische Vereinnahmung war ein Tabu, über das niemand in der Familie mit mir sprechen wollte. Es hatte sich wohl unterschwellig ein schlechtes Gewissen breitgemacht.

Als ich 1940 geboren wurde, war mein Großvater schon fünfundsechzig. Deshalb kenne ich nur den durch Ruhm und Alter verklärten Thomas Mann. Das gängige Bild vom gefühlskalten und pedantischen Geistesriesen ist vor meiner Zeit entstanden. Als mein Onkel Golo ein Kind war, legte er Spickzettel in seine Hand, falls das Gespräch mit dem Vater ins Stocken geraten sollte. Am Ende seines Lebens sagte er über den Vater: »Ich habe seinen Tod gewünscht. Wenn ich meine Geburt durch Geld rückgängig machen könnte, so wollte ich keine Kosten scheuen.«

In einem Brief nannte Thomas Mann mich seine »letzte Liebe«. Den homoerotischen Touch seiner Gefühle zu mir spürte ich nie, dazu war ich zu jung. Als er starb, war ich ja erst vierzehn. Von seinen homoerotischen Neigungen erfuhr ich erst in den Achtzigern. Damals erschienen die ersten Biografien, die ihn vom Sockel runterrissen, und es wurde Mode, über seine Homosexualität zu sprechen. Das ging so weit, dass meine Mutter sagte: »Was reden die denn alle? Die müssen sich doch mal fragen, woher denn die sechs Kinder kommen!«

In seinen letzten Lebenstagen redigierte mein Großvater eine vier Seiten lange Prosa-Erzählung von mir, die auf dem Land spielte. Bei meiner Formulierung »der Stall des Pferdes« notierte er mit Bleistift an den Rand, besser sei »der Pferdestall«. Bei einem Märchen von mir fand er die Beschreibung der Hölle zu wenig originell. Er fügte in den Text ein, man müsse da Brennnesseln essen.

Wenn meine Großmutter Katia nach Hause kam, fragte

sie oft: »Was macht das Monstrum gerade?« Gemeint war Thomas Mann. Als mein Großvater bemerkte, einer seiner Söhne fürchtet sich vor Kruzifixen, nagelte er ein Kruzifix an dessen Bett. Das Kruzifix, sagte er, sei ein Symbol der abendländischen Kultur, an dessen Anblick man sich gefälligst zu gewöhnen habe. Seine Tochter Erika erzählte über ihre Kinderjahre im Ersten Weltkrieg: »Wir hatten nichts zu essen, absolut nichts. Jede Winzigkeit wurde mathematisch geteilt. Eines Tages war eine Feige übrig geblieben. Es war ganz klar, dass diese Feige zwischen uns Kindern geteilt werden musste. Was tat mein Vater? Er gab mir allein diese Feige und sagte: ›Da Eri, iss. Man soll Kinder früh an Ungerechtigkeit gewöhnen.‹«

Seine dunklen und cholerischen Seiten habe ich nur in kleinsten Ansätzen bemerkt. Wenn mein Bruder Toni aus Versehen in das vom Großvater besetzte Bad stürmte, gab es jedes Mal ein Riesendonnerwetter. War mein Großvater auf mich böse, beachtete er mich gezielt für Stunden nicht mehr. Mit kleinsten Mitteln konnte er ungeheure Effekte erzielen.

Golo wurde von seinem Vater lange verachtet. Für mich war mein Onkel über viele Jahre ein Ersatzvater. Umso ungläubiger reagierte ich, als er mich in seinen Memoiren mit keinem Wort erwähnte. Bis in die Siebziger glaubte ich, wir hätten ein sehr herzliches Verhältnis. Mein erster Schock war dann, dass er den Familienring seines Vaters bei dessen hundertstem Geburtstag an meinen Sohn weitergab und mich damit glatt übersprang. 1991 entdeckte ich bei Golo ein Exemplar meines autobiografischen Romans *Professor Par-*

sifal. Das Buch war mit gehässigen Randbemerkungen vollgekritzelt. Dabei hatte er mir nie etwas von seiner schroffen Abneigung gegen mein Buch gesagt. Eine seiner Randbemerkungen lautete »Courths-Mahler«. Trotz seiner immensen Verletztheit konnte Golo den bewunderten Vater nie loslassen, und wer nicht loslassen kann, ist schnell auf andere eifersüchtig.

Golo war seit 1955 mit dem mehr als dreißig Jahre jüngeren Apotheker Hans Beck liiert. Bei einer Wanderung erzählte er meinen Eltern, er habe jemanden in der Bahn kennengelernt und sei ganz im Zweifel, ob er diese Person wiedersehen wolle. Meine Mutter sagte: »Dann wirf doch einen Silberdollar hoch und lass die Münze entscheiden.« Wir haben ihn dann mit dem Auto bei Hans Beck abgeliefert. Der wohnte noch bei seiner Mutter. Ein Jahr später machte Golo mit ihm Urlaub in Italien. Ich war auch dabei. Ich sehe die beiden noch bei Sonnenuntergang am Strand stehen. Golo legte ihm den Arm um die Schultern und sagte: »Hans, was sagst du zu so einem wunderschönen Sonnenuntergang?« Hans antwortete: »Im Schwimmbad von Geislingen find' ich es schöner.«

Als Golo 1994 starb, lasen wir in seinem Testament die Anordnung, er sei abseits des Familiengrabes zu beerdigen, Blutsverwandte hätten der Urnenbeisetzung unbedingt fernzubleiben. Die Triebfeder für diese Irrationalität ist die totale Ambivalenz zwischen Bewunderung und Hass, die Golo nie überwunden hat. Er gehörte zu den Menschen, die im Alter das, was immer schon unterschwellig in ihnen war, in völlig grotesker und karikaturhafter Form zum Ausdruck bringen. Als er mit über sechzig Hans Beck adoptierte, sagte er mit hassverzerrtem Gesicht zu meiner Mutter: »Das mache ich nur, damit ihr nichts von meinem Erbe abbekommt!«

Nach dem Tod meines Großvaters habe ich einige Jahre lang mit Katia und Erika Mann in Kilchberg am Zürichsee unter einem Dach gelebt. Erika läutete die Abende mit sechs Underberg auf ex ein. Ihr Trinken wurde immer schlimmer. Dazu kam der Drogen-Medikamente-Mix, den sie nahm. Sie war dann oft nicht mehr ganz bei sich. Am Ende des Abends musste sie manchmal von ihrer alten Mutter über zwei Etagen hoch in ihr Zimmer gebracht werden. Ich begann, in diesem Haus trübsinnig zu werden, und hatte massive Schlafstörungen. Anfang der Sechziger flüchtete ich aus dem Kilchberger Witwenschloss. Das Haus war ein düsteres, erstickendes Museum geworden.

Erika soll in ihrer ersten Lebenshälfte eine umwerfend lustige und zu jeder Libertinage aufgelegte Person gewesen sein. Niemand fragte sie, was sie mit Alkohol und Drogen zu betäuben versuchte. Offene Aussprachen gab es in der Familie Mann nie. Depressionen, Drogen, Homosexualität, der Suizid von Klaus Mann – das waren alles Tabus. Dabei waren fast alle Manns gloriose Tabubrecher. Das ist wie bei Psychotherapeuten: Bei Patienten sind sie die klugen und allzeit kommunikativen Ratgeber, aber zu Hause läuft es total schief. Oder nehmen Sie den großen Pädagogen Pestalozzi. Der soll ein schauerlicher Vater gewesen sein.

Katia Mann benutzte bis zu ihrem Tod 1980 Briefpapier mit der Aufschrift »Frau Thomas Mann«. Ich erlebte Gott sei Dank nicht mehr mit, wie sie erst altersdepressiv und dann dement wurde. Zuletzt habe ich sie 1977 bei der Beisetzung meines Vaters gesehen. Mir fiel auf, wie verwirrt sie war. Sie konnte nicht mehr auseinanderhalten, wer wer ist.

Mein Vater Michael war das jüngste Kind von Katia und Thomas Mann. Sie nannten ihn »Bibi«. Als er 1939 in New York seine Jugendliebe Gret Moser heiratete, war er gerade mal zwanzig. Die Beziehung zu meinen Eltern ist ein trauriges Kuriosum. In den Siebzigern schrieb mein Vater mir: »Väter und Söhne sollten sich viel öfters aus dem Weg gehen, als dies gemeinhin der Fall ist. Und mir scheint, wir haben unsere Sache relativ gut gemacht. Die berühmten ›Blutsbande‹ halte ich für einen gesellschaftlich überschätzten Faktor.« Er wollte möglichst wenig mit mir zu tun haben. Er hatte überhaupt kein Selbstbewusstsein und traute sich wenig zu. Was sollte er dann seinem Sohn zutrauen? Mit siebzehn hatte er seiner späteren Frau eine Ausgabe der *Buddenbrooks* zum Geburtstag geschenkt. Die Widmung, die er ihr hineinschrieb, lautete: »Weil ich selber nichts bin«. Er nahm als Einziger aus der Familie 1949 am Begräbnis seines Bruders Klaus teil, der sich mit einer Überdosis Schlaftabletten umgebracht hatte. Während sein homosexueller, drogensüchtiger Sohn in Cannes beigesetzt wurde, hielt Thomas Mann Vorträge in Skandinavien. Mein Vater spielte am Grab auf seiner Bratsche ein Largo von Benedetto Marcello.

Meine Tante Elisabeth Mann Borgese meinte, das Leben meines Vaters sei ein langsamer Selbstmord gewesen. Bis auf Monika und Elisabeth kann man das von allen sechs Thomas-Mann-Kindern sagen. Mein Vater starb angezogen auf seinem Bett liegend an einer Überdosis Alkohol und Barbituraten. In den fünfzehn Jahren zuvor hatte er fast täglich mit Drogen russisches Roulette gespielt. Zwei Jahre vor seinem Tod hatte er begonnen, die bis dahin versiegelten Tagebücher seines Vaters zu lesen. Aus dem Eintrag vom 28. September 1918 erfuhr er, er war ein unerwünschtes Kind, dessen Abtreibung diskutiert wurde. Natürlich frage ich mich, ob es die Lektüre der Tagebücher von Thomas Mann war, die meinen Vater umgebracht hat. Wenn ich »umgebracht« definiere im Sinne von »den letzten Rest gegeben«, dann ja.

DMITRI NABOKOV, Opernsänger, Rennfahrer, Sohn des Schriftstellers Vladimir Nabokov: Meine früheste Erinnerung ist, wie meine Eltern mich als Dreijährigen im Kinderwagen durch den Grunewald in Berlin schieben. Damals war die Welt für mich ausschließlich vertikal. Mein Vater war der Sohn eines vermögenden Aristokraten. Wegen der Oktoberrevolution floh er 1922 aus Sankt Petersburg nach Berlin. Im selben Jahr wurde sein Vater während eines Vortrags in der Berliner Philharmonie von angetrunkenen Exilrussen erschossen. Um sein Schreiben finanzieren zu können, gab mein Vater in unserer kleinen Wohnung in Wilmersdorf Nachhilfe in Englisch und Französisch und arbeitete als Tennis- und Boxtrainer. Manchmal verbrachte er ganze Nächte mit dem Erfinden von Schachaufgaben und Kreuzworträtseln, die er für ein paar Groschen an Zeitungen verkaufte. Über meine Geburt im Jahr 1934 schrieb er: »Um fünf Uhr früh war ich auf dem Nachhauseweg von der Entbindungsklinik in der Nähe des Bayerischen Platzes. Frühlingsblumen schmückten die Porträts von Hitler, diesem gestiefelten Idioten mit der Haarsträhne schräg über der Stirn. Er war nur ein Symbol, hinter dem ein gesichtsloser und zeitloser Klumpen des Urentsetzens stand.« 1936 flohen wir erst nach Paris und später in die USA. Deutschland betrat mein Vater nie wieder. Er fand, dort lebten Hyänen, die man am besten chloroformieren sollte.

Als er mir 1955 seinen Roman *Lolita* schickte, überredete mich ein Publicity-Agent, in meinem Apartment einen Miss-Lolita-Wettbewerb stattfinden zu lassen. Es war ein Riesenspaß, aber leider ging ein Foto um die Welt, das mich auf einem riesigen, satinbezogenen Bett mit acht überreifen Lolitas zeigte. Prompt schickte mein Vater mir ein Telegramm: *»Stop Lolita Publicity immediately. Father.«*

1961 zogen meine Eltern an den Genfer See und wohnten bis zum Tod meines Vaters sechzehn Jahre lang in einer Sechs-Zimmer-Suite im Hotel Montreux Palace. Seine Familie hatte prachtvolle Villen an den schönsten Orten Russlands besessen, aber nach der Verstaatlichung durch die Kommunisten machte er sich nichts mehr aus Besitztümern. Er wollte beim Schreiben einen schönen Ausblick haben und war dankbar, dass das Hotelpersonal ihn so aufopfernd vor angereisten Nabokovianern schützte. Das Apartment, in dem ich heute wohne, liegt zweihundert Meter oberhalb des Hotels.

Mein Vater hatte prophetische Träume. Anfang 1945 sah er im Traum, wie sein Bruder Sergej in einem deutschen Konzentrationslager misshandelt wurde. Am Tag darauf bekam er die Nachricht, Sergej sei im KZ Neuengamme als Häftling Nr. 28 631 gestorben.

1975 unternahm ich die letzte Bergwanderung mit meinem Vater, in der Nähe von Gstaad. Als wir eine Pause machten, entspann sich eins dieser offenen Vater-Sohn-Gespräche, die es eigentlich nur in sehr, sehr schlechten Romanen gibt. Er sagte, sein Leben komme ihm überaus reich und gelungen vor. Als Schriftsteller habe er alles erreicht, was in ihm angelegt gewesen sei. Seine Theorie war, das Werk eines Autors sei von früh auf in ihm fertig, wie ein bereits belichteter Film, der nur darauf wartet, entwickelt zu werden.

Wegen einer schweren Bronchitis füllten sich im Sommer 1977 die Lungen meines Vaters nicht mehr mit Luft. Sein Geist war aber vollkommen klar. Wir sprachen wieder Russisch miteinander wie in meiner Kindheit. Als ich Tränen in seinen Augen sah, fragte ich, warum er weine. Er deutete auf das Fenster seines Krankenzimmers und erzählte von einem bestimmten Schmetterling, der um diese Zeit seinen Kokon verlasse. »Falls dieser Schmetterling irgendwo da draußen auf mich wartet, kann ich jetzt nicht mehr zu ihm und ihn einfangen.« Das waren seine letzten Worte. Seinen Augen war anzusehen, er wusste, er stirbt. Meine letzte Erinnerung ist, er schnappt drei Mal nach Luft. Als sein Herz zu schlagen aufhörte, machte ich ein letztes Foto von ihm.

ALLEGRA CURTIS, Schauspielerin, Tochter von Tony Curtis: Nach außen waren wir eine Bilderbuchfamilie und ich eine Hollywood-Prinzessin, die mit einem goldenen Löffel im Mund geboren wurde. Wir wohnten in einem tausendeinhundert Quadratmeter großen Palast mit achtzehn Zimmern und einem fünfzig Meter langen Indoorpool. Das Grundstück mit Blick auf den Los Angeles Country Club war sechzehntausend Quadratmeter groß. Zum Hofstaat meiner Eltern gehörten Dienstmädchen, Köche, Gärtner, zwei Sekretärinnen und ein Chauffeur für den Rolls-Royce. Im Wohnzimmer hing ein Picasso, jede Woche gab es glamouröse Empfänge für siebzig bis achtzig Gäste. Für mich war es Alltag, dass in unsere Toilette Berühmtheiten pinkelten wie Billy Wilder, Henry Miller, Cary Grant, Hugh Hefner, Jack Lemmon, Walter Matthau, Sean Connery, Lauren Bacall und Mae West.

Meine Mutter ist Christine Kaufmann, die Anfang der Sechziger als erotische Kindfrau zum Star wurde. Als sie meinen Vater 1961 bei Dreharbeiten in Argentinien kennenlernte, war sie erst sechzehn. Mein Vater konnte nicht mehr von ihr lassen. Obwohl er zwanzig Jahre älter war, sagte er: »Sobald du achtzehn bist, werde ich dich heiraten.« Er war damals noch mit Janet Leigh verheiratet, dem Star aus Hitchcocks *Psycho*, aber der Druck ihrer plötzlichen Berühmtheit hatte sie zu einer bösartigen Trinkerin gemacht, die meinen Vater mit ihren Wutanfällen quälte. Er duldete aber keine Probleme in seinem Leben. Eine seiner Maximen lautete: »Wer reich ist, hat gefälligst keine Probleme zu haben.«

Meine Eltern heirateten 1964 in Las Vegas, Trauzeuge war Kirk Douglas. Die vermeintliche Traumehe bekam jedoch bald Risse. Meine Mutter verlor ihre Achtung vor meinem Vater, weil er mit seinem Älterwerden nicht zurechtkam. Im Film war er der Adonis, den die Frauen anschmachteten. Seine Markenzeichen waren die aufgeworfenen Lippen und die Schmalztolle, die später von Elvis Presley kopiert wurde. Als ihm mit Anfang vierzig die Haare ausgingen, brach für ihn eine Welt zusammen. Er ließ sich Haare transplantieren, später trug er Toupets und wurde zigmal geliftet. Als meine Mutter seine Komplexe erkannte, war das der Anfang vom Ende ihrer Liebe. Nachdem sie ihren gefallsüchtigen Mann ohne Maske gesehen hatte, konnte sie seine Nähe nicht mehr ertragen und weigerte sich, mit ihm zu schlafen.

Mein Vater litt unter der klassischen Hollywood-Krankheit: Narzissmus und Größenwahn gepaart mit Minderwertigkeitskomplexen und Selbstverachtung. Meine Mutter hielt ihn für liebesunfähig. Sie sagt, er sei wie ein Loch gewesen, das man dauernd stopfen musste. Andere Menschen bräuchte er nur als Spiegel, um sein eigenes Abbild zu bewundern. Ich erlebte ihn ähnlich. Seine Zahnschmerzen waren immer wichtiger als meine. Er wusste auch nie, wie alt seine Kinder sind oder wann sie Geburtstag haben. Umarmungen und Küsse vermied er. Uns Kinder brauchte er nur, um selbst wieder Kind zu sein. Zu Hause lief er meist splitternackt herum oder in winzigen, weißen Slips. Das war sein Verständnis von kalifornischer Freiheit und Liberalität. Mir war das immer peinlich. Wenn er morgens in sein Cabrio stieg und mich in Unterhose zur Schule fahren wollte, bat ich ihn, wenigstens ein T-Shirt anzuziehen. Zu unseren Nachbarn gehörte der *Dallas*-Star Larry Hagman. Die beiden lagen oft stundenlang mit ihren cremefarbenen Stetsons im Whirlpool, rauchten dicke Joints und kicherten vor sich hin. Solche Szenen mitanzusehen war mir genauso unangenehm wie die zu engen Unterhosen meines Vaters. Die Sängerin Cher sagte zu mir: »Your daddy is fucked up. Forgive him.«

Meine Mutter begann, mit Hippie-Freundinnen wie Sharon Tate auf Drogen- und Transvestitenpartys zu gehen. Für mich und meine Schwester zeigte sie kaum noch Interesse. Sie war ein Kinderstar gewesen und hatte schon mit acht Jahren vor Kameras gestanden. Mit den Partys und den Joints wollte sie ihre Jugend nachholen. Mein Vater konnte die Kränkung nicht verwinden, dass man ihn, den großen, reichen Hollywood-Star, verlassen hatte. Wenn er wütend war, sprach er von seiner Frau als »Nazi-Mutter, die vergast gehört«. Meine Mutter hat noch drei Mal geheiratet und sich jedes Mal wieder scheiden lassen. Zu ihren vier Ehen kamen Affären mit Warren Beatty, Eric Clapton und Patrick Süskind, dem Autor vom *Parfum*.

Als ich mich mit neunzehn für den *Playboy* auszog, war mein Vater außer sich vor Zorn. Er selbst posierte mit achtzig nackt für das Magazin *Vanity Fair*. Wer ihn darauf ansprach, bekam zur Antwort: »Wo ist das Problem? Auf den Fotos sehe ich doch aus wie fünfundzwanzig.« Er führte ein Sextagebuch, in das er Polaroids seiner Geliebten einklebte. Über den Sex mit Marilyn Monroe schrieb er: »Sie bewegte sich geschmeidig und fühlte sich wohl.« Bis ins hohe Alter war er ein unermüdlicher Womanizer. Sobald er eine hübsche Frau sah, zog er wie ein dressierter Affe seine Nummer als ewiger Don Juan ab. Ich fragte ihn nie, wie das mit der Monroe gewesen war. Kein Kind will etwas über die Sexualität seiner Eltern wissen. Noch mit dreiundachtzig Jahren sagte er: »Warum sollte ich den Teil von mir aufgeben, der die Autofenster beim Liebesspiel zum Beschlagen bringen will?« Er hat sechs Mal geheiratet, stets großbusige Vorzeigeschönheiten, die zwischen zwanzig und sechsundvierzig Jahre jünger waren. Seine blutjungen Frauen gehörten zu einer Inszenierung, mit der er seine Herkunft ausradieren wollte. Er kam als Bernard Schwartz auf die Welt und wuchs als Straßenkind in der New Yorker Bronx auf. Sein Vater war ein jüdischer Schneider aus Ungarn, die Mutter war schizophren. Beim jüngeren Bruder meines Vaters wurde ebenfalls Schizophrenie diagnostiziert. Er kam in ein staatliches Heim für geistig Behinderte und wurde nach seinem Ausbruch als obdachloser Bettler von Unbekannten zu Tode geprügelt. Der ältere Bruder meines Vaters starb mit fünf Jahren, als ihn ein Laster überrollte. Mein Vater hatte an jenem Tag die Aufgabe bekommen, auf ihn aufzupassen. In der Schule wurde er von seinen Klassenkameraden als »jüdischer Schwanzlutscher« beschimpft. Von diesen Tragödien und Demütigungen wollte er später nichts mehr wissen. Statt sich seinen Dämonen zu stellen, schuf er für die Hollywood-Welt eine Kunstfigur, die er Tony Curtis nannte. Sich selbst drei Meter groß auf der Leinwand zu sehen wurde sein Lebenselixier. Diese Persönlichkeitsspaltung hat ihn immer mehr zu einem einsamen Einzelgänger gemacht, denn je mehr man von sich versteckt, umso notwendiger wird es, sich zurückzuziehen – bis es einem nicht mehr möglich ist, mit anderen zu leben. Nach den ersten Haartransplantationen lag mein Vater am liebsten im Bett und sah fern. Meine Mutter sagte mal: »Es gibt Tony Curtis, und es gibt Bernard Schwartz. Mit Bernard Schwartz hätte ich mich besser vertragen.«

Das Kokain veränderte seine Psyche für immer. Er redete kaum noch und wollte nur seine Ruhe haben, weil die Depressionen immer schlimmer wurden. Wenn er mich im Haus hörte, hatten wir meist den gleichen Dialog: »Allegra?« »Ja, Daddy?« »Wie geht es dir?« »Gut. Und wie geht es dir?« »Okay.« Dann schaltete er wieder den Fernseher an. Trotz seiner Eitelkeit achtete er nicht mehr auf sein Äußeres. Er wurde immer dicker, und nach dem ersten Drogenentzug im Betty Ford Center in Rancho Mirage fing er auch noch mit dem Trinken an. Zu meinen Schulkameraden gehörten die Kinder von Marlon Brando und Elvis Presley. Die erzählten Ähnliches von zu Hause.

Zerstört hat meinen Vater Freebase, chemisch aufbereitetes Kokain. Wenn ihn Selbstmitleid und Schwermut überfielen, ging er ins Bad und verstopfte die Türritzen mit Handtüchern, damit ich nicht den Rauch aus seiner Pfeife einatmete. Wenn er das Badezimmer verließ, war er ein fröhlicher Spaßvogel. Einmal war er so high, dass er mich fragte, ob ich mitrauchen wollte. Aber wer träumt schon davon, mit dem eigenen Vater Drogen zu nehmen? Mein Halbbruder Nicholas starb mit dreiundzwanzig an einer Überdosis Heroin.

Als die Rollenangebote weniger wurden, sagte mein Vater: »Es ist, als wäre ich gestorben, und man hat vergessen, mich darüber zu informieren.« Er schämte sich, zu den vielen arbeitslosen Schauspielern in Hollywood zu gehören, die früher Berühmtheiten waren und jetzt nur noch auf das Klingeln ihres Telefons warteten.

Nur meiner Halbschwester Jamie Lee Curtis ist es gelungen, aus seinem großen Schatten herauszutreten. Wegen Filmen wie *Ein Fisch namens Wanda* und *True Lies* war sie selbst ein Star und behandelte ihn mit kühler Herablassung. Sie ist schon als Powerfrau aus dem Mutterleib gekrochen und muss in jeder Sekunde das Regiment führen. Ihr Ego reicht bis in den Himmel. Mein Vater empfand sie als Konkurrentin. Es kränkte ihn maßlos, dass ausgerechnet sein erfolgreichstes Kind so wenig mit ihm zu tun haben wollte. Als sie von seinem Tod erfuhr, sagte sie bloß: »Well, it doesn't matter. He was a shitty father.«

Mein Vater starb mit fünfundachtzig an einer Lungenkrankheit. Zuletzt gesehen habe ich ihn ein Jahr zuvor. Wir sprachen über unsere Depressionen, und er erzählte, mit welchen Antidepressiva es ihm gelungen war, sie zu betäuben. Zum Abschied drückte er mir hundert Dollar in die Hand und sagte: »Du musst immer Bargeld bei dir haben!« Bei seinem Vermögen war ein Hunderter natürlich ein Witz, aber so war mein Vater eben. In den Sarg gelegt wurde er mit seinem iPhone, seinem Lieblingsschal von Armani und einem cremefarbenen Stetson unterm Arm. Als Inschrift für seinen Grabstein hatte er sich eine Zeile aus einem Gedicht von Edwin Arlington Robinson ausgesucht: »And he glittered when he walked.«

KIRK DOUGLAS, Schauspieler: Jeder meiner vier Söhne war schon mal wegen psychischer Probleme, Alkohol-, Drogen- oder Sexsucht in Therapie. Hollywood ist der unbarmherzigste Ort, den ich kenne. Die Todesrate unter den Studiobossen ist ähnlich hoch wie bei Second Lieutenants im Vietnamkrieg. Auch die Kinder von Celebritys leben hier wie in einem Aquarium, in das jeder hineinschauen kann. Diesem Druck sind viele nicht gewachsen. Der Sohn von Gregory Peck erschoss sich mit Anfang dreißig. Paul Newmans Sohn starb an einer Überdosis Drogen. Der Sohn von Marlon Brando erschoss den Liebhaber seiner Schwester. Die landete dann in einer Nervenheilanstalt und brachte sich ein paar Jahre später um. Manchmal denke ich, mein Sohn Eric hätte keine Drogenprobleme, wenn er nicht mit dem Sohn von Ronald Reagan zur Schule gegangen wäre und bei uns zu Hause nicht Idole wie Frank Sinatra und Burt Lancaster erlebt hätte. Die beste Lektion bei der Erziehung von Kindern habe ich meinen Jungs nicht mitgeben können. Mein Vater war bis zu seinem Tod ein alkoholsüchtiger Lumpensammler, der weder lesen noch schreiben konnte. Für meine sechs Schwestern und mich gab es also nur einen Weg: den nach oben. Unter niedrigen Decken aufzuwachsen befeuert den Ehrgeiz, hinter einem weißen Lattenzaun groß zu werden lähmt ihn.

ULLI LOMMEL, Schauspieler und Regisseur: Ich habe Frauen nie angemacht, weil ich wirklich sehr, sehr schüchtern bin. Ich mache es so, dass sie mich aufreißen. Als ich *Blank Generation* drehte, schaute Bianca Jagger oft zu. Sie wollte Hauptrollen spielen und schlug mir vor, ihr Regisseur zu werden. Sie war eine sehr starke Persönlichkeit und zog mich wie eine Hexe in eine Beziehung rein. Als sie mich aufriss, war sie gerade von Mick Jagger geschieden worden. Wir hatten ein wildes halbes Jahr zusammen. Sie war ein großes, gieriges Kind, in das ich sehr verliebt war.

Eines Tages rief ein Mann vom Reisebüro an und sagte, Bianca wolle meine Kreditkarte mit den Kosten für zwei Concorde-Tickets belasten, eins für sich, das andere für ihre Tochter Jade, ob das okay sei. Als ich Andy Warhol um Rat fragte, lachte er und sagte: »So ist Bianca halt.« Ich erklärte ihm, warum ich nicht Schluss machen könne: »I can't forget her picture in my mind.« Andy antwortete: »You better forget this picture, because it's more expensive than a motion picture.« Besser konnte man Bianca nicht auf den Punkt bringen. Ich ließ die Tickets stornieren. Das war das Ende unserer Beziehung.

Als ich mit dem Bond-Girl Carole Bouquet zusammen war, hatte ich einen prominenten Nebenbuhler. Carole und ich saßen beim Abendessen in der Polo Lounge des Beverly Hills Hotels, als Warren Beatty hereinkam und den Raum nach Beute abscannte. Als er Carole sah, setzte er sich ungefragt zu uns an den Tisch und knipste seinen unnachahmlichen Charme an. Man verstand sofort, warum er jede Frau ins Bett bekam. Mich ignorierte er, als ob ich Luft sei. Dann verschwanden die beiden. Als Carole nach einer Stunde wiederkam, sagte ich: »Was, nur eine Stunde? Bloß ein Quickie mit Warren Beatty?« Carole knallte mir eine und schrie: »Du Arschloch, was denkst du eigentlich von mir? Ich bin doch keine Nutte!« Trotz ihres Ausbruchs bin ich bis heute davon überzeugt, dass sie mit ihm geschlafen hat. Er war einfach zu gut, um Nein zu sagen.

ALEXANDER KLUGE, Schriftsteller und Filmemacher: Sämtliche Vorstellungen vom Paradies, die mir je erzählt wurden, sind wie ein Albtraum für mich. Ich bin kein Konsumspezialist. Ich komme ins Stottern, wenn einer mir sagt, jetzt müsse eine Speisenfolge von sechzehn Gerichten verkostet werden. Da würde ich fragen, kann es nicht *ein* Gericht sein? Darin bin ich ein Protestantenkind aus Mitteldeutschland. Auch meine landsmannschaftlichen Gefährten Einar Schleef und Heiner Müller hätten nicht sagen können, was außer Whisky schön ist. Was ich zum Leben brauche, ist relativ einfach. Ein schöner Nachtschlaf zum Beispiel ist eine gute Sache. Ich gebe zu, dass diese Anti-Konsum-

Haltung etwas Provinzielles ist. Das gehört zur Mentalität meiner engeren Heimat im Nordharz.

DAVID SCHALKO, Fernsehregisseur und Autor: Sie müssen Ferdinand von Schirach erleben, wenn ihm offenbart wird, er bekommt ein 17-Gänge-Menü serviert. Ich dachte, Ferdinand wird sich total freuen, wenn ich für unser Treffen einen Tisch in einem sehr feinen Restaurant reserviere. Doch schon beim Reinkommen wurde er sehr blass: »Ich sag's gleich, ich hasse essen! Ich finde es völlig unnötig, sich mehr als fünf Minuten Zeit dafür zu nehmen.« Als Erstes brachte der Kellner eine Kokosnuss, aus der zwei Strohhalme rausguckten. Wie bei allen folgenden Gängen sagte er am Ende des Servierens: »Viel Spaß!« Beim vierten Gang fragte Ferdinand, wie lange das Ganze denn dauern würde. Der Kellner antwortete: »Na ja, 17 Gänge, das macht vier Stunden.« Ferdinand wurde wieder sehr blass. Am Ende hatte ich fast jeden der 17 Gänge zwei Mal gegessen.

CHRIS O'DELL, Bandbetreuerin: Im Grunde bin ich mein Leben lang das kleine unsichere Mädchen aus Keota, Oklahoma geblieben, das glaubte, nur akzeptiert zu werden, wenn es andere glücklich macht. Ich fand es völlig normal, mich um die Pediküre von Mick Jagger zu kümmern oder morgens um sechs von Keith Richards mit dem Satz geweckt zu werden: »Hey, Chris, das Fernsehprogramm ist gerade so öde. Wollen wir was einwerfen?« Wenn ich zwischen zwei Tourneen zu Hause saß, beschäftigte ich mich mit Malen nach Zahlen. Mehr fiel mir zu meinem eigenen Leben nicht ein.

Wenn einem Musiker auf einer Tour das Heroin ausging, machte man mich zum fliegenden Drogenkurier. Keith Richards zum Beispiel ist ein Drogen-Connaisseur, der seine Ware nur von handverlesenen Dealern bezieht. Dass er immer noch lebt, hat viel damit zu tun, dass er nur unverschnittene Drogen konsumiert. Vor einem Konzert in Dallas sagte er zu mir: »Ich brauche Nachschub. Hier sind ein Flugticket nach L. A. und eine Telefonnummer. Morgen bist du wieder zurück, okay?« Das Päckchen, das mir der Dealer in L. A. übergab, wog so viel wie ein Harry-Potter-Band.

In Lebensgefahr war ich nur ein einziges Mal. Nach einem Open-Air-Festival auf der Isle of Wight flog ich mit John Lennon und Yoko Ono in einer winzigen Propellermaschine nach London zurück. John ließ Joints rumgehen, und bald bestand die Luft an Bord nur noch aus Schwaden von hoch konzentriertem Haschisch. Der Pilot war nur durch einen kleinen Vorhang von uns getrennt. Nach ein paar Minuten war er deshalb genauso stoned wie wir. Als die Maschine in Turbulenzen geriet, dachten John und Yoko, wir würden abstürzen, und fingen an, *Hare Krishna* zu singen. Ich stellte mir die Schlagzeilen der Zeitungen vor: »John und Yoko sterben im Feuerball!« Darunter in sehr kleinen Lettern: »Unter den Toten ist auch die Apple-Angestellte Chris O'Dell. Der Pilot soll high gewesen sein.« Die Vorstellung beruhigte mich, denn wenigstens würde ich die Erde nicht als Unbekannte verlassen.

ERIKA PLUHAR, Schauspielerin: Mein zweiter Ehemann war der André Heller. Ich hatte ein Kind geheiratet! Er belog mich beim Kennenlernen und machte sich viel älter. Erst als ich das Aufgebot bestellte, erfuhr ich, er war gerade mal zweiundzwanzig, acht Jahre jünger als ich. Seine Jugend war aber nie etwas, was zwischen uns stand. Er kommt mir heute noch viel älter vor als ich. Er war und ist ein Mensch, der einen verbal kriegt. Jetzt ist er ja richtig schön und ein stattlicher Mann, aber damals war er zum Umblasen dünn, mit so wegstehenden schwarzen Haaren. Weil er ein kleines Vermögen geerbt hatte, benahm er sich wie ein reicher Schnösel. Trotzdem kam er gut an. Unsere ausnehmend kurze Ehezeit war dann mit sehr vielen Trennungen verbunden.

Der Heller war ein Macho, nur halt ein sehr wehleidiger. Ich habe hautnah miterlebt, wie er etwas wurde, was man sich heute bei ihm gar nicht mehr vorstellen kann: ein Bürgerschreck, der sich ständig selbst herausfordert. Die öffentlichen Figuren, auf die er losging, reichten von Peter Alexander bis zu meinem Burgtheaterdirektor. Unter den Skandalen, die er auslöste, hat er sehr gelitten. Bei uns zu Hause fürchtete er sich vor seiner eigenen Courage. Er war heilfroh, als man ihn später endlich mochte und bewunderte. Ich war dem Heller gegenüber in meinem Leben nie unkritisch, aber er hat wirklich menschlich an sich gearbeitet. Nach dem Tod meiner Tochter Anna war er der Mensch, der wirklich an meiner Seite war. Viele gute Freunde liefen weg, weil sie nicht wussten, wie sie mit mir nach so einem Unglück umgehen sollten. Die konnten eine Erika ohne

Anna nicht ertragen. Dass der Heller ganz da war, vergesse ich bis zu meinem letzten Atemzug nicht.

Als wir in Kalifornien waren, sind wir unangemeldet bei dem Schriftsteller Henry Miller aufgetaucht. Solche Frechheiten, das war typisch er. Als er erfuhr, wo der Miller wohnte, sagte er, ich solle mich recht fesch machen. Damals war ich ja noch blond. Als wir an der Haustür läuteten, erschien ein sabbernder und so ein bissel vertränter Miller. Als er mich blond vor der Tür stehen sah, richtete er sich auf, hörte auf zu sabbern und empfing uns. Er flirtete und zeigte mir seine Aktfotosammlung. Seine Bücher hatte ich gar nicht so gern gelesen. Bei seiner Art, weibliche Ekstasen zu beschreiben, haben sehr viele Frauen meiner Generation gedacht: Da passieren ja Sachen! Um Gottes willen, bin ich etwa ein Krüppel?

Die letzte große Liebe meines Lebens war der Schauspieler Peter Vogel, der mit meiner Burgtheaterkollegin Gertraud Jesserer zwei Kinder hatte. Die Traudl war dann mit dem Heller zusammen. »Partnertausch« nannten das die Medien. Mit dem Peter hatte ich eine sehr, sehr schöne Beziehung. Er war der erste Mann, der zu mir sagte: »Erika, ich habe es gern, wenn die Frauen grau werden.« Wenn einem das ein liebender Mensch sagt, hört man mit der Färberei sofort auf.

Der Peter war suchtkrank. Es gab den Alkohol, und es gab die Medikamente, die er sich injizierte. Deshalb konnte er sich auch so gut mit einer Spritze töten. Ich habe unzählige Entzüge mit ihm mitgemacht, aber er ist immer wieder in die Sucht zurückgefallen. Das war ein wirklich schöner und gescheiter Mann, begabt und geliebt. Wie er so ganz desolat war, habe ich bei mir überhaupt erst entdeckt, was es heißt, jemanden zu lieben in seiner Zerbrochenheit, Hinfälligkeit, gar nicht mehr der glanzvolle, fesche, herrliche Mann. Solange man noch dreimal die Woche miteinander schläft, kann von Liebe nicht die Rede sein.

Sein Unglück war unter anderem, dass er zu spät erkannt hat, dass sein Weg die Musik gewesen wäre. Am Tag seines Todes haben wir noch telefoniert und Pläne gemacht. Dann hat er die Entzugsklinik verlassen und sich in einer Wiener Pension mit einer Injektion getötet. Er hat oft versucht, mir zu erklären, warum seine Angst vor dem Leben größer ist als die Angst vor dem Tod. Er hätte sich so gern mit mir gemeinsam getötet.

ANDRÉ HELLER, Künstler: Mein größter privater Scoop war die Eroberung der Burgtheaterschauspielerin Erika Pluhar. Die Pluhar war damals der größte und begehrenswerteste weibliche Superstar des Landes. Den Zutritt zu dieser acht Jahre älteren Bühnengöttin habe ich mir als Achtzehnjähriger im wahrsten Sinne des Wortes erkauft. Ich legte mir das unsägliche Pseudonym André Miriflor zu und steckte mein gesamtes Erbe aus der Süßwarenfabrik Heller – 800 000 Schilling – in die Koproduktion eines Kinofilms mit Erika in der Hauptrolle. *Moos auf den Steinen* wurde ein strahlender Misserfolg, aber wir heirateten. Ich war erst seit Kurzem volljährig, und das Establishment empfand unsere

Ehe als persönliche Beleidigung. Ich war der mit Abstand Letzte, dem sie das Zauberwesen Pluhar gönnten.

Die Erika war verzweifelt nach einer schrecklichen Ehe mit dem ebenso fantasievoll-verrückten wie sadistischen Udo Proksch, der später wegen sechs Morden zu lebenslanger Haft verurteilt wurde. Sie dachte, von mir in die Irre geführt, ich wäre nun endlich eine Männerversion, die fundiert liebevoll ist und ein Garant für gute Zeiten. Das war natürlich bei meinem damaligen Generalzustand ein aberwitziger Nonsens. Sie kam mit mir vom Regen in die Jauche. Ich wollte sie trophäenhaft als meine Privatmuse präsentieren, weil ich dachte, zu einer gelungenen Biografie gehört eine glamouröse Frau, und dann habe ich mir gleich die glamouröseste ausgesucht.

Schon auf dem Standesamt wusste ich, unsere Ehe würde nicht funktionieren. Wir waren verstörte Kinder, die sich ineinander verkrochen und souveräne, exzentrische Erwachsene spielten. Wir haben jeder an der Not des anderen gefröstelt. Es hat mich immer wieder tollwütig gemacht, wie weit ich von meiner Idealvorstellung entfernt war. Das ging vom Gesicht über das Wissen bis zu meinen Taten. Wer mir am nächsten stand, bekam natürlich am meisten Galle ab, und das war Erika. Sie hat das Burgtheater geliebt und ist von Proben mit Regisseuren wie Fritz Kortner oder Peter Hall zu einem Mann nach Hause gekommen, der unfähig war, ihre Welt zu respektieren. Wenn ich aber an irgendeinem noch so kleinen Projekt arbeitete, hat sie sich tapfer und nobel stundenlang damit auseinandergesetzt. Bei ihren umjubelten Premieren war ich angezogen wie aus einem futuristischen Albtraum, und in den Rücken meines Sakkos war »Fuck you all« gestickt. Alle haben immer bange darauf gewartet, was der Narr jetzt wieder anstellt. Macht er Zwischenrufe? Oder schaltet er wieder das Kofferradio an, während auf der Bühne *Othello* gespielt wird?

VIVIENNE WESTWOOD, Modedesignerin: Mitte der Siebziger bemalten wir unseren Laden in der Londoner King's Road mit Parolen wie »Pornographie ist das Lachen im Klo deines Hirns«. Mein damaliger Freund Malcolm McLaren hatte die Losung ausgegeben: »Sei alles, was die Gesellschaft hasst.« Irgendwann begriff ich aber, es reicht als Idee nicht, nur gegen etwas zu sein. Ich kleidete damals Johnny Rotten von den Sex Pistols ein. Später trat er in der Dschungelcamp-Show *I'm a Celebrity … Get Me Out of Here!* auf. Wie er sich schlug, kann ich nicht sagen, da ich seinen Auftritt nicht verfolgt habe. Mich interessieren keine Leute, die ihren Lebensunterhalt damit verdienen, einmal Punk gewesen zu sein.

HANS NEUENFELS, Theater- und Opernregisseur: Im Theatermilieu herrschen Angst, Neid und Eifersucht. Meine *Medea* an der Wiener Burg bekam bei der Premiere hymnischen Applaus, und das Fernsehen zeigte direkt nach den Abendnachrichten einen Film mit den Beteiligten, in dem auch ich etwas sagte. Am nächsten Morgen hatte ich einen Termin beim Intendanten Claus Peymann. Als er verschoben werden sollte, bin ich einfach rein zu ihm. Ich hatte ein Bier in der Hand, und Peymann schrie: »Wie kannst du morgens sturzbetrunken in mein Büro kommen?« Ich sagte: »Entschuldigung, ich trinke ein Bier gegen meinen Kater.« Dann fragte ich leutselig im Schimmer meines vorabendlichen Triumphs, was ich denn als Nächstes bei ihm inszeniere. Darauf sagte er: »Nichts! Mir gehört Wien! Und jetzt raus!«

KARL LAGERFELD, Modedesigner: Der Model-Beruf basiert auf gewissen Ungerechtigkeiten. Wer heute als schön gilt, wird morgen kaum noch zum Putzen bestellt. Die Mädchen müssen wissen, Mode ist wie Krieg: Es gibt Schlachtfelder und Massengräber. Nachdem ich sie fallen gelassen hatte, sagte Claudia Schiffer, sie hätte bei Yves Saint Laurent endlich die Eleganz in der Mode entdeckt. Ich kann verstehen, warum Saint Laurent für sie interessant ist. Wenn sie seine Sachen trägt, weiß sie endlich, wie sie aussehen wird, wenn sie so alt ist wie ihre Mutter Gudrun.

KEN FOLLETT, Bestsellerautor: Mein klügster Kritiker ist mein Agent Albert Zuckerman, der ein sehr nützliches Buch geschrieben hat mit dem Titel *Writing the Blockbuster Novel*. Er brachte mir elf eiserne Regeln bei. Erstens: Das Buch soll dir Mühe machen, nicht dem Leser. Zweitens: Sprache ist Mittel zum Zweck. Vergiss deshalb Wortakrobatik und metaphysischen Blumenkohl und schreibe eine Geschichte, die den Leser zum Umblättern zwingt. Drittens: Nach vier bis sechs Seiten muss die Story eine überraschende Wendung nehmen, bei der die Karten neu gemischt werden. Sonst langweilt sich der Leser. Viertens: Frage dich als Autor in jeder Sekunde, wo die größte Angst deiner Figur liegt, denn Angst ist unsere stärkste Antriebsfeder. Fünftens: Jeder großartige Roman ist ein Familienroman. Sechstens: Schriftsteller sind keine gesegneten Stenografen, die ein göttliches Diktat empfangen. Deshalb musst du so lange recherchieren, bis du mit dem Stoff hundertprozentig vertraut bist, intim wie Haut auf Haut. Siebtens: Beende einen langen Roman nie mit einer jähen Überraschung. Das empfindet der Leser als rüpelhaften Rauswurf. Achtens: Du musst deine Story mit dem Hammer redigieren: Hau drauf und horch, wo sie hohl klingt. Neuntens: Kürzen ist literarisches Viagra. Zehntens: Schreibe niemals einen Bauernroman, denn Landwirtschaft hat nullkommanull Glamour. Elftens: Halte dich nie lange mit Personenbeschreibungen auf. Eine Figur ist das, was sie tut.

JULIAN SCHNABEL, Maler: Kritiker haben die Angewohnheit, Künstler einem Jahrzehnt zuzuordnen: Herr Soundso ist der repräsentative Künstler der Siebzigerjahre, abgehakt. Frau Soundso ist die repräsentative Künstlerin der Nullerjahre, abgehakt. Wie können denkende Menschen so einen Blödsinn zusammenschreiben? Als würde sich die Kunst an Zehn-Jahres-Pläne halten, die irgendein Zentralkomitee erlassen hat. Es wäre aufschlussreich, einen Film über namhafte Kritiker wie Jerry Saltz zu machen. Der Zuschauer sieht auf der Leinwand, was der Kritiker in seiner Rezension über einen Künstler schreibt. Zeitgleich hört man aus dem Off die vielen Stimmen im Kopf des Kritikers. Auf diese Weise würde man begreifen, wie er in Wahrheit über den Künstler denkt und was alles in sein Urteil einfließt, von Eifersucht wegen der schönen Freundinnen des Künstlers bis zum Ehrgeiz, eine Meinung zu finden, die so originell ist, dass kein konkurrierender Kritiker auf sie kommt. Viele Kritiker leben davon, einen Künstler erst hoch- und dann runterzuschreiben. Man produziert den Glamour, wartet eine Weile, dann kratzt man ihn wieder ab. Ginge es nach Kritikern und Galeristen, würden Künstler eine Pirouetten-Existenz führen und sich in die Richtung wenden, die gerade Konjunktur hat.

CHRISTIAN THIELEMANN, Dirigent: Unter einem sogenannten Abenddirigenten versteht man erstaunliche Talente, die unfähig sind zu proben, aber trotzdem den *Lohengrin* geil dirigieren können. Wenn Sie denen sagen, heute hast du eine Probe, fangen die an, dumm rumzufummeln. Am Ende sagen die Musiker, hätte der bloß keine Probe gemacht, es ist schlechter geworden. Der von mir verehrte Kollege Hans Knappertsbusch begann Proben gern mit dem Satz: »Meine Herren, Sie kennen das Stück, ich kenne das Stück, wir sehen uns am Abend wieder.« Einmal kam er mit Verspätung in den Graben, setzte sich umständlich hin und schwieg. Oben stand die Sängerin Christa Ludwig und schaute ihn erwartungsvoll an. Nach einer gefühlten Ewigkeit stand Knappertsbusch auf und verabschiedete sich mit dem Satz: »Ich wollte nur mal sehen, ob mein Arsch noch in den Sessel passt.«

HUBERTUS VON HOHENLOHE, Fotograf: Meine Mutter ist Ira von Fürstenberg. In Wahrheit heißt sie gar nicht Ira, sondern Virginia Carolina Theresa Pancrazia Galdina. In den Siebzigern war sie ein Filmstar an der Seite von Anthony Quinn und Klaus Kinski und wurde von Irving Penn, Cecil Beaton und Helmut Newton fotografiert. Bei meiner luxusversessenen Mutter muss alles *larger than life* sein. Ihren pompösen Lebensstil rechtfertigt sie mit dem Satz: »Man muss morgens auf etwas Schönes schauen, um einen angenehmen Tag zu haben.« Männer interessieren sie schon lange nicht mehr, aber sie fliegt nach wie vor zu Einladungen von Imelda Marcos nach Manila oder ist bei den Präsidenten von Guatemala und der Elfenbeinküste zu Gast. Wenn ich ihr Leben Revue passieren lasse, denke ich: Das Fatalste ist, sein Leben lang eine Leiter hochzuklettern, um am Ende festzustellen, sie lehnt an der falschen Wand.

TOMI UNGERER, Zeichner: Der Kinderbuchzeichner Maurice Sendak meinte, Kinder, die es lustig fänden, dass Max und Moritz am Ende zu Korn verarbeitet und verspeist werden, bräuchten später keinen Psychiater. Sendak hat recht. Das Wichtige an Geschichten dieser Art ist die Einsicht: Das Böse ist schlauer als das Gute. Die Guten müssen begreifen, sie können von den Bösen etwas lernen, nämlich gerissener zu werden. Ohne Schläue wird das Gute immer zweiter Sieger sein. Eins sollte man aber bedenken: Ohne das Böse wäre unser Leben entsetzlich langweilig. Wir sollten Gott jeden Tag dafür danken, dass wir etwas zu bekämpfen haben.

KLAUS STAECK, Plakatkünstler: Mit keinem habe ich so viel gelacht wie mit Joseph Beuys. Er konnte sich mit wunderbarer Ironie über Kunstfreunde lustig machen, die ebenso ratlos wie beleidigt vor seinen Arbeiten standen. Seine Ironie erlosch jedoch, sobald es um Politik ging. Er glaubte, am Ende werden alle Menschen seiner Meinung sein, man solle die Parteiendiktatur, wie er es nannte, durch die direkte Volksherrschaft ersetzen. Das war das Messianische an ihm und erklärt seine ungeheure Energie. Als er nach einem Herzinfarkt auf der Intensivstation lag, sagte er: »Ich will jetzt nicht mehr hundert werden, sondern dreihundert.« Er starb mit vierundsechzig nach einer Lungenentzündung an Herzversagen. Zuvor hatten seine Ärzte ein Raucherbein bei ihm diagnostiziert. Drei oder vier Tage vor seinem Tod war ich bei ihm. Da sagte er zum ersten Mal: »Weißt du eigentlich, wie krank ich bin?« Beim Thema Gesundheit hatte er sich immer amüsiert und Sachen gesagt wie: »Ist doch schrecklich, wenn man an Bauchspeicheldrüsenkrebs stirbt, während alle anderen Organe noch gesund sind. Zum Schluss muss alles kaputt sein!«

Es gibt eine furchtbare Erinnerung, die mich bis heute nicht loslässt: Für sein documenta-Projekt *7000 Eichen*.

Stadtverwaldung statt Stadtverwaltung brauchte Beuys dreieinhalb Millionen Mark, aber die erhofften Spenden blieben aus. Bei einem Treffen mit einem Vorstand der Dresdner Bank hat er in meinem Beisein fast gebettelt: »Wollen Sie nicht wenigstens einen Baum für fünfhundertfünfzig Mark spenden?« Aber der Banker wollte nicht. Stattdessen kaufte er eine Postkarte, die er sich von Beuys signieren ließ. Als Beuys gestorben war, rief dieser Banker sofort bei mir an: Er würde doch gern noch eine Grafik von Beuys haben, aber bitte zum alten Preis, er habe ihn ja gut gekannt. Da habe ich gedacht: Nein, du Arschloch, du kriegst nichts!

JONATHAN MEESE, Künstler: Bei Beuys bin ich hin- und hergerissen. Er war ein hinreißend gut aussehender Ultracharismatiker, der sich geil inszenieren konnte. Er hat auch tolle Zeichnungen und super Installationen gemacht, aber sein politisches Engagement finde ich bis heute zum Kotzen. Es war Hochverrat, die Kunst der Politik unterjubeln zu wollen. Die Kunst steht über den Dingen. Zum Guru werden wie Beuys muss man heute auch nicht mehr. Diese Rolle des Künstlers hat sich Ende der Achtziger erledigt. Wenn man mich dazu zwingt, mein mickriges Pups-Ich zum Besten zu geben, dann tu ich das, aber immer nur sehr ungern, denn Ich-Versautheit führt ins totale Verderben, und Selbstverwirklichungsfanatiker ziehen andere mit in den Abgrund. Man sollte sein Ich rausfurzen. Bitte keine Individualität mehr und keine Meinungen. Ich interessiere mich ja auch nicht für meine eigene Meinung. Kunst ist zeitlos. Weil sie über der Politik steht, darf man sich als Künstler niemals realpolitisch einmischen, niemals! Warhol hat das nie gemacht. Der war immer Maske und hat sein Ich nicht nach vorne gebracht. Warhol ist der Fantomas der Kunst.

ELLEN KESSLER, Tänzerin, Zwillingsschwester von Alice Kessler: Als Burt Lancaster uns im Lido in Paris tanzen sah, lud er uns zu einer Party ins ultranoble Hotel George V ein. Als wir in das angegebene Zimmer kamen, saßen da aber nur Burt und sein Produzent Arthur Hill. Es war eine Falle. Mit unseren neunzehn Jahren waren wir natürlich eingeschüchtert. Nach einer halben Stunde nahm Burt mich bei der Hand und fragte, ob ich mit ihm auf die Terrasse seiner Suite komme. Es war eine wundervoll laue Vollmondnacht, und er nahm mich sanft in den Arm. Ich konnte gar nicht Nein sagen, denn es war ja der Burt Lancaster. Als er mich zu seinem Bett führte, bin ich richtig hingeflossen. Ich registrierte, wie seine Hände mich zart entblätterten. Er tat, was er konnte, um mich in Fahrt zu bringen, aber es lief bei mir nicht. Ich war wegen meiner Komplexe wie gelähmt. Ich dachte, ich sei zu lang und zu dünn und hätte nicht genug Busen. Außerdem hatte es zu Hause immer geheißen: »Zieh dich ja nie vor einem Mann nackt aus!« Ich lag im Bett wie eine tote Flunder. Burt sagte: »Ich war noch nie zuvor mit einer Statue im Bett.«

KIRK DOUGLAS, Schauspieler: 1996 hatte ich einen Schlaganfall. Mein guter Freund Burt Lancaster ist nach einem Schlaganfall jahrelang dahinvegetiert. Ich wusste also, was mich da erwischt hatte. Ich bekam Depressionen und Selbstmordgedanken und versank in grenzenlosem Selbstmitleid: »Gott, wieso ausgerechnet ich? Und warum jetzt, wo ich doch gerade die Thora studiere? Zähl doch mal, was ich alles getan habe, um den Juden zu helfen!« Als ich hörte, es könnte lange dauern, bis ich wieder einigermaßen sprechen kann, bekam ich fürchterliche Wutanfälle. Ein Schauspieler, der sabbert und brabbelt wie ein Baby: was für eine Witzfigur! Heute weiß ich, meine Frau litt viel mehr. Wenn sie mir helfen wollte, machte ich sie zum Blitzableiter meines Zorns. Auf fremde Hilfe angewiesen zu sein ist die reine Demütigung. Wenn ich mal im Krankenhaus lag, war ich immer stolz auf meine blitzblanke Bettpfanne. Es war ein Fehler von mir, mich mit den harten Hunden zu identifizieren, die ich vor der Kamera gemimt habe. Ich hätte mehr darauf achten sollen, dass ich in meinen zweiundachtzig Filmen mehr als zwanzig Mal gestorben bin.

SIMON DE PURY, Auktionator und Kunstberater: 1979 wurde ich Kurator der Kunstsammlung von Hans Heinrich Àgost Gábor Tasso Baron Thyssen-Bornemisza de Kászon, genannt Heini, Enkel des Stahl-Tycoons August Thyssen und einer der reichsten Männer der Welt. Der Baron hatte in der Villa Favorita in Lugano die großartigste private Kunstsammlung der Welt zusammengetragen. Alle großen Künstler vom 12. bis zum 20. Jahrhundert waren vertreten. Nur die englische Königin besaß etwas Vergleichbares. Er war eine auratische Erscheinung, hatte Ladykiller-Appeal und besaß Manieren, die mehr als tadellos waren. Einmal trafen wir uns in meinem Sotheby's-Büro. Wenn eine Angestellte hereinkam, stand er jedes Mal auf und begrüßte sie so galant und formvollendet, als stünde ihm ein gekröntes Haupt gegenüber. Um seine Sammlung vorzuführen, schickte er mir sein Flugzeug, eine Dassault Falcon. Damals gab es einen Jetset, aber niemand besaß einen Jet. Für den Baron war es ein gewöhnlicher Tag, wenn er morgens in London frühstückte, in Amsterdam zu Mittag aß, nachmittags in Paris den Louvre besuchte und abends in Rom auf einer Party tanzte.

Wenn er mit Gästen Englisch sprach, beschrieb er seine Herkunft gern mit den Worten: »My family's in iron and steel. My mother irons and my father steals.« Einmal im Jahr musste er für seine Familie einen Finanzreport schreiben. Da er wusste, wie öde die Lektüre war, brachte er ungefähr auf Seite zwanzig eine Fußnote an: »Wenn du bis hierhin gelesen hast, rufe mich an. Ich schicke dir eine Kiste Krug-Champagner.« Den Champagner hat sich nie jemand verdient.

Ich habe für den Baron jede Woche Kunst gekauft, manchmal auch jeden Tag. Er galt bei Händlern als Buyer Number One, deshalb wurden Bilder zuerst ihm angeboten. Maler, die ihn interessierten, hatten tot zu sein. Lebende Künstler fand er dubios. Die große Ausnahme war Lucian Freud, der in Berlin geborene Enkel von Sigmund Freud.

Von ihm ließ er sich Anfang der Achtziger malen. Da Freud schrecklich langsam arbeitete, musste er ihm hundertsechzig Stunden lang Porträt sitzen, verteilt auf fünfzehn Monate.

Als ich in den Neunzigern Chefauktionator von Sotheby's war, habe ich eine Vortragsreihe ins Leben gerufen. Zu den Rednern gehörte Jeff Koons. An ihm lässt sich ein modernes Phänomen studieren: Der Künstler ist die Kunst. Er war noch mit dem italienischen Pornostar Cicciolina zusammen und arbeitete an großen und höchst realistischen Skulpturen, die die beiden beim Sex zeigten. Seine Serie nannte er *Made in Heaven*. Während er redete, wurden Fotos seiner Kopulationsskulpturen auf eine riesige Leinwand hinter ihm projiziert. Sein Vortrag gipfelte in dem Satz: »Rembrandt benutzte für seine Kunst Pinsel, ich benutze meinen Schwanz.« Bei diesem Wort riss es ein paar ältere Damen vom Sitz. Sie stürmten türenknallend aus dem Saal. Am nächsten Morgen beschimpfte mich eine von ihnen am Telefon: »Ich bin schockiert, dass ein so proper aussehender Mann wie Sie eine solche Ferkelei organisiert!« In der nächsten Sekunde bat sie mich, zu ihr nach Hause zu kommen, sie wolle mir ein wertvolles Gemälde zur Versteigerung übergeben. In dem Moment wusste ich, was ich den Controllern aus der Sotheby's-Zentrale sage, sollten sie mich wegen der hohen Kosten für die Vortragsreihe grillen wollen.

URS FISCHER, Künstler: Jeff Koons lässt in seiner Kunst keine Negativität zu. Das Hochglanzpolierte seiner Skulpturen hat eine Morbidität, die ich selten erlebt habe. Warum will jemand eine Welt kreieren, in der kein Schmerz zugelassen ist? Wahrscheinlich aus einem Schmerz heraus, auf der Suche nach Schutz und rigider Kontrolle. Diese Verletzlichkeit ist der Grund, warum so viele Leute so stark auf die Arbeiten von Jeff reagieren. Als ich ihm zum ersten Mal gegenübersaß, glaubte ich, es mit einer Installation oder sozialen Plastik zu tun zu haben. Früher hat er geraucht und gesoffen, heute lebt er wie ein asketischer Mönch. Er ist ein Mensch aus Fleisch und Blut, aber ich weiß nicht, wie und mit wem er das teilt.

JEFF KOONS, Künstler: Meine um 1990 entstandene Werkgruppe *Made in Heaven* zeigt mich beim Sex mit meiner damaligen Frau Ilona Staller. Das Thema von *Made in Heaven* war die Überwindung von Scham, Peinlichkeit und sexuellen Schuldgefühlen – und an dieses Ziel glaube ich bis heute. Wir sind nur frei, wenn wir unseren Körper und die Ausprägung unserer Sexualität annehmen. Meine Exfrau stand zu ihrer Vorgeschichte als Pornodarstellerin und hatte ein wunderbar schamfreies Verhältnis zu ihrem Körper. Das war der Grund für ihre ungezügelte Energie. Sex ist ein Narrativ, das nicht lügen kann. Mit der Geburt unseres Sohnes begann dann eine Schlammschlacht. Als Ludwig eineinhalb war, brachte meine Exfrau ihn illegal nach Rom und schloss mich für viele Jahre aus seinem Leben aus. In dieser Zeit begann ich mit der Serie *Celebration*, die das Glück und die Unschuld der Kindheit feiert. Meine Arbeiten sollten Ludwig später beweisen, wie sehr ich an ihn dachte. Meine Exfrau und ich prozessierten mehr als zehn Jahre lang um das Sorgerecht für unseren Sohn, ein zermürbender Albtraum. Sie behauptete, *Made in Heaven* sei keine Kunst, sondern Pornografie, und einem Pornografen dürfe man kein Kind überlassen. Um diese Diskussion nicht vor einem Richter zu führen, zerstörte ich alle Arbeiten aus der Serie *Made in Heaven*, die noch nicht verkauft waren. Eine kostspielige Tat. Würde ich es heute genauso machen? Wenn ich damit meinem Kind helfe: ja.

URS KIENBERGER, Direktor des Hotels Waldhaus in Sils Maria im Engadin: Hermann Hesse verbrachte bei uns dreihundertsiebzig Nächte. Es war keine Liebe auf den ersten Blick. Er war sehr zurückhaltend und wollte seine Ruhe haben. Nach seinem ersten Besuch schrieb er, wäre er noch jünger, wäre er sofort wieder abgereist. Trotzdem ist er dann jedes Jahr wiedergekommen. Er war sehr bescheiden. Seine Frau und er mieteten stets zwei verbundene Zimmer ohne Bad. Sein Bett musste so gedreht werden, dass er nicht aufs Fenster schaute, weil ihm das zu hell war. Meine Mutter oder eine Tante von mir gingen nachmittags zu ihm hoch, zeigten ihm das Menü für den Abend und fragten, ob er vielleicht doch etwas anderes essen wolle. Auf diese Sonderbehandlung legte er großen Wert. Einmal beschwerte er sich bei der Hotelleitung, die »aufgepeitschte Vergnügtheit« im

Hotel widere ihn an, »alles dröhnt und dampft vor Lustigkeit«. Nachts hatte ein Mitarbeiter in der Bar Klavier gespielt, und Hesses Zimmer lag genau darüber. Er ist dann runtergekommen, um der Sache ein Ende zu machen. Dass da jemand mitten in der Nacht einfach so Klavier spielte, war für den Feingeist Hesse ein rechter Skandal. Bei seinem letzten Aufenthalt im Waldhaus war ich zehn Jahre alt. Man hatte mir klargemacht, Hesse sei so wichtig wie der deutsche Bundespräsident Theodor Heuss, der ebenfalls bei uns zu Gast war. Worin der Unterschied zwischen Hesse und Heuss bestand, war mir nicht recht klar, aber mir fiel auf, dass Heuss den wesentlich größeren Wagen hatte. Unsere Eltern machten uns klar, die Rolle der Familie sei es, die Bühne in Ordnung zu halten, nicht aber mitzuspielen, denn das wäre so, als würde der Automechaniker vom Aga Khan glauben, auch er wäre ein ismailitischer Aristokrat.

Der Literaturnobelpreisträger Thomas Mann hat im Waldhaus einen Hilfskellner mal so zusammengestaucht, dass der am Nebentisch sitzende Literaturnobelpreisträger Hesse zur Geldbörse griff und den Kellner mit einem stattlichen Trinkgeld wieder aufzubauen versuchte. Thomas Mann war kein leichter Gast. Er war der Großbürger, der sich in der Welt auskannte und ein Zimmer nie auf Anhieb akzeptierte. In manchen Jahren gab er dem 1911 eröffneten Suvretta House in St. Moritz den Vorzug, weil er das Waldhaus zu altmodisch fand. Mit seiner in den Exiljahren in den USA erworbenen Weltläufigkeit war er anderes gewohnt.

Den grimmigsten Verriss über das Waldhaus schrieb der

Philosoph Peter Sloterdijk. Herr Sloterdijk erreichte das Waldhaus nach einer achtstündigen Fahrt im eigenen Wagen. Schon bei der Begrüßung spürte ich eine gewisse Verstimmtheit. Man kann auch sagen: Unsere Begegnung ging völlig daneben. Das eigenwillige Waldhaus ist ihm von Anfang an in die falsche Kehle geraten. In seinem Tagebuch *Zeilen und Tage* mokierte er sich später über Waldhaus-Gäste, die den Frühstückssaal im Trainingsanzug betreten: »Viele Zimmer werden vom FC Basel okkupiert, der seine Fußballer zum Höhentraining über die Berge scheucht, junge semi-depressive Proleten, die mit den zerknitterten Bildungsbürgern bei Tisch seltsam kontrastieren.«

GÜNTER LAMPRECHT, Schauspieler: Als Peter Zadek mich 1974 ans Bochumer Schauspielhaus holte, lernte ich dort Rainer Werner Fassbinder kennen. Als Fassbinder mich für sich entdeckte, begannen die beiden einen Krieg, in dem ich zum Spielball wurde. Als Theaterleiter war Zadek der Boss, aber Fassbinder ließ es sich nicht bieten, irgendwo nicht der Boss zu sein. Um das Machtverhältnis umzudrehen, kaufte er sich einen Boxer, den er *Zadek* taufte. Wenn ihm der Intendant Zadek entgegenkam, brüllte er den Hund an: »Zadek, Platz! Zadek, kusch! Zadek, friss!« Wenn ich den Intendanten Zadek in der Kantine traf, guckte er mich böse an und knurrte: »Brrrr!«

HANS NEUENFELS, Opern- und Theaterregisseur: Als Fassbinder im Garten meines Hauses *In einem Jahr mit 13 Monden* drehte, stand ich heimlich am Küchenfenster und beobachtete, wie er mit meiner Frau umging. Das Medium Film faszinierte sie, und ich hatte Angst, mir wird das wichtigste Wesen meiner Existenz von einer anderen Kunstform geraubt. Deshalb musste man im Auge behalten, was da lief. Man dachte schon an Beute und Wildwechsel und so Dinge. Fassbinder saß oft in unserer Küche und las meine *Frankfurter Rundschau*. Unsere Beziehung bestand vornehmlich darin, dass ich ihn genau beobachtete und er das sehr genoss. Da wir am gleichen Tag Geburtstag haben, feierten wir etliche Male gemeinsam. Er trug stets einen weißen Anzug, ein schwarzes Hemd und eine weiße Krawatte. Er war total versessen auf Fußball. Wenn er spielte, fuhr ich die Bierkästen zum Platz. Er keuchte ungeheuer, spielte aber wunderbar. Als sein Fan habe ich mich einmal so verschrien, dass ich vier Tage lang kein Wort sagen konnte.

PETER BERLING, Filmproduzent, Schauspieler und Schriftsteller: Ich habe dreizehn Jahre lang Filme von Fassbinder produziert. Zuletzt gesehen habe ich ihn 1982. Wir trafen uns zum Essen im Chez Felix in Cannes. Anders als früher musste ich nicht mehr für ihn bestellen. Mittlerweile wusste er zwischen Hummer und Langusten zu unterscheiden und kannte die Nummerncodes von Fines des Claires und Speciales des Claires. Fachmännisch wählte er die von Marennes-Oléron und dazu einen Blanc d'Ott. Draußen an den Scheiben pressten sich Autogrammjäger die Nasen platt. Er war völlig euphorisch und verstreute Projektzusagen wie eine Brautjungfer die Blümchen. Wenn er durch die Stadt latschte, musste ein Assistent einen Gettoblaster auf der Schulter tragen, der immer nur *Ich bin das Glück dieser Erde* von Joachim Witt dudelte. Er fand den Song so geil, dass er unbedingt einen Film daraus machen wollte. Die Geschichte dazu war ihm noch nicht eingefallen, aber er meinte, allein schon der Titel sei doch bereits ein Hammer.

Ein paar Wochen nach seinem Tod lief ich mit einem Jutebeutel durch Venedig, in dem Fassbinders Totenmaske steckte. Im Februar 1982, vier Monate vor seinem vorzeitigen Tod mit 37, hatte ein Verleiher die Eingebung, die berühmtesten Köpfe des Jungen Deutschen Films in Bronze gießen zu lassen. Als ich die Idee Fassbinder antrug, schnaufte er: »Mein Kopf in Bronze? Toll! Das war schon lange fällig. Und auf das Cover von *Time* schaffe ich es auch noch.« Am 10. Juni sollte er der Bildhauerin Karin Mai Modell sitzen. Als sie morgens um zehn in seiner Wohnung in der Münchner Konradstraße eintraf, war er seit sieben Stunden tot. Die Leiche hatte man schon abtransportiert. Juliane Lorenz, das selbst ernannte Ehegespons von Fassbinder, verlangte: »Fahren Sie in die Leichenhalle des Ostfriedhofs und nehmen Sie ihm die Totenmaske ab.« Ohne viel Federlesens wurde die aufgebahrte Leiche in eine Besenkammer geschoben, und sie machte einen Gipsabdruck vom Gesicht. Ende August fuhr ich mit dem Bronzeabguss zu den Filmfestspielen nach Venedig, wo Fassbinders letzter

Film *Querelle* uraufgeführt werden sollte. Nachts um drei trommelte Juliane Lorenz gegen die Tür meines Hotelzimmers und kreischte hysterisch: »Ich will meinen Rainer haben! Gib mir meinen Rainer! Er gehört mir!« Ich sprang nackt aus dem Bett und sah, wie die Lorenz in mein Zimmer eindrang und meinen Koffer durchwühlte. Es kam zu einem grotesken Ringkampf, bis ihre schrillen Schreie den Nachtportier auf den Plan riefen, der damit drohte, die Carabinieri zu holen.

Fassbinders Mutter hat die Totenmaske zerstören lassen, was schade ist, denn Fassbinder wirkte wie Bismarck mit Ende siebzig: sehr friedlich und milde, sehr weise und ein bisschen listig.

Bei der Obduktion der Leiche wurden hohe Mengen von Kokain und Schlafmitteln gefunden. Ich habe mir sagen lassen, dass der Durchschnittskonsum von gewieften Koksern bei eineinhalb Gramm am Tag liegt. Fassbinder kam auf sieben Gramm. Weil er deshalb nicht schlafen konnte, schmiss er röllchenweise Sedativa ein. Das schaukelte sich immer höher, bis er explodiert ist. Wumm! Hirnschlag.

Kapiert habe ich seine Drogensucht, als wir 1978 *Die Ehe der Maria Braun* drehten. Ein Hoteldirektor zeigte mir Fassbinders Zimmer und sagte: »Der kann hier nicht länger bleiben!« Das Zimmer sah säuisch aus. An den Wänden klebte Blut, das Fassbinder aus der Nase gespritzt sein musste, und der Teppich war mit Fäkalien verschmiert – jahrelanger Kokainkonsum führt zu Schließmuskelschwäche. Als ich Fassbinders Assistentin über die Beschwerde des Direktors informierte, sagte sie: »Verdammt, das ist jetzt schon das dritte Hotel, aus dem er raus muss.«

Ein paar Stunden vor seinem Tod hat Fassbinder ein Interview gegeben, das seine Mutter später sperren ließ. Das Interview fand bei ihm zu Hause statt und wurde von Wolf Gremm gefilmt, dem Ehemann der Produzentin Regina Ziegler. Ich habe das Material sehen können, bevor es verschwand: Fassbinder hat einen dunkelroten Ballonkopf wie Georges Pompidou im Endstadium, ein wackelnder Kürbis mit dunkler Sonnenbrille. Er, der immer so stolz darauf war, präzise und fehlerfrei zu formulieren, stammelt und lallt und quält sich wie eine angestochene Sau. Es war zum Gotterbarmen.

Dem Regisseur Frank Ripploh hatte er ein paar Wochen zuvor gesagt: »Ich bekomme Angst beim Schreiben, beim Ficken, beim Frühstücken passiert es plötzlich, dass ich eine Angst kriege.« Er war ein abgrundtief verzweifelter Mensch, der oft sagte: »Einsamer als ich kann keiner sein.« Es ist ja bezeichnend, dass sein erster Film *Liebe ist kälter als der Tod* hieß. Dass er nicht allein sein konnte, machte ihn zum Albtraum der Festival-Chefs. Er reiste stets mit zwanzig Leuten an, die untergebracht und beköstigt werden mussten, sonst wäre er nicht aufgetreten. Weil er diesen einzigartigen Nimbus hatte, bissen die Leute in den sauren Apfel. Während der Festivals gab es viele Tage, an denen er sein Hotelzimmer nicht verließ. Er hockte vor der Glotze, fraß und fraß und kippte dazu reihenweise extrem scharfe Bloody Marys in sich hinein.

In seinen letzten Jahren bezahlte er seinen Hofstaat dafür, ihm Gesellschaft zu leisten. Einige kriegten bis zu 10 000 Mark im Monat. Dafür mussten sie sich alles gefallen lassen. Bei meiner letzten großen Auseinandersetzung mit Fassbinder musste Udo Kier, das arme Schwein, Knödel für uns kochen. Alle Viertelstunde sagte Fassbinder: »Udo, komm mal her!« Und dann kriegte der eine geknallt und konnte wieder gehen. Ohne Bezahlung hätte kein Mensch mit dem gelebt. Sexuell lief da wegen der Drogen gar nichts mehr.

Obwohl er mit martialischem Habitus auftrat, hatte Fassbinder stets ungeheure Angst, verdroschen zu werden. Er erniedrigte immer nur Leute, bei denen er sich ausrechnen konnte, dass die nicht zurückschlugen, Klaus Löwitsch zum Beispiel. Den hat er verprügelt, und der hat sich das gefallen lassen. Löwitsch war ein Säufer, und Säufer sind schwach.

Daniel Schmidt sagte mal: »Fassbinder lügt, wenn er den Mund aufmacht – es sei denn zum Essen.« Das trifft es. Fassbinder hat mir einmal vierundfünfzig Ausfertigungen des Vertrags für *Lola* unterschrieben. Ein paar Wochen später behauptete er, ich hätte jede einzelne Unterschrift gefälscht. Er glaubte an seine eigenen Lügen. Aber wenn alle wissen, dass einer ein Mythomane ist, kann man damit leben.

Selbstironie hatte er null. Bei Kritik an seiner Person reagierte er wie ein beleidigter Duodezfürst. Wer über sich selbst lachen kann, akzeptiert, dass andere es auch tun. Aber dazu sind Genies nun mal nicht in der Lage. Wehe dem, der ihm einen Fehler vorhielt, vor allem im Beisein Dritter. Er hatte ein langes Gedächtnis und konnte sich sehr hinterfotzig rächen. Dann wieder war er höchst charmant. Er wusste, dass ich Anfang der Siebziger eine Affäre mit Hanna Schygulla hatte, die Knall auf Fall zu Ende gegangen war. Der Trennungsgrund hieß Fassbinder. Als Hanna eines Morgens aus der Dusche in mein Schlafzimmer zurückkehrte, sagte sie: »Ich werde dich verlassen. Deine Lebensart ist mir zu kapitalistisch. Ich gehe zu jemandem, der unser aller Leben verändern will. Ich gehe zu Fassbinder.« 1988 lud Fassbinder mich in Los Angeles in eine düstere Lederbar ein. Die Hartfasertür der Toilette war durchsiebt wie von einer Maschinengewehrgarbe. Er geleitete mich zum Tresen und rief: »Überraschung!« Auf einem Barhocker saß im Lichtkegel des einzigen Scheinwerfers: die Schygulla.

Ich saß mit am Tisch, als Fassbinder und Franz Josef Strauß im Restaurant Käfer in München aufeinandertrafen. Als Strauß mit seinen Mannen vorbeirauschte, sagte Fassbinder zum Kellner: »Bringen Sie dem Herrn Strauß einen Doppelten mit 'nem Gruß von mir.« Kurz darauf hockte Strauß sich ihm gegenüber: zwei mächtige Brocken, die schweren Köpfe in die Hände gestützt. Sie redeten über Klosterbrauereien, die Sturmspitze des FC Bayern und Bayreuth. Ihre Gemeinsamkeiten stachen sofort ins Auge. Beide waren autoritäre Charaktere, die die Macht sichtbar genossen. Von ideologischer Feindschaft war nichts zu spüren, denn Fassbinder war nicht so links, wie er tat.

Ehrlich gesagt schaue ich mir heute keinen Film von Fassbinder freiwillig an. Die Filme wirken durch die Bank wie hingeschlunzt. Er hat nie ein wirkliches Meisterwerk produziert. Die einzige ordentliche Arbeit ist *Effie Briest*. Da gab er sich mal richtig Mühe und nahm sich die Zeit, das gut durchdacht zu inszenieren. Die Vorlage stammt ja auch nicht von ihm, sondern von Theodor Fontane. Die eigenen Drehbücher rotzte er in zehn Tagen hin. Sein Genie besteht darin, in dreizehn Jahren dreiundvierzig Filme gedreht zu haben, die vierzehn Folgen von *Berlin Alexanderplatz* nicht eingerechnet. Das hat vor ihm und nach ihm keiner geschafft.

INGRID CAVEN, Sängerin: Fassbinder lernte ich Ende der Sechziger in einer Bar in München kennen. Da stand zwei Meter entfernt ein Junge, der die ganze Zeit kein Wort sagte, eine Buddhafigur in einem tänzerischen Körper, mit kleinen Patschhändchen wie ein Kind, die Augen wunderschön. In diese zärtlichen Augen habe ich mich später verliebt.

Der Rainer hatte keine Angst vor Niederungen. Er ging in die Klappe, und gleichzeitig hatte er einen Horror vor dem Onanieren. Er ging in Paris in die Strichersauna, und nachher haben wir uns geliebt. Er sagte: »Ich bin der Neger, ich bin der Jude, ich bin der Antisemit, ich bin der Mörder, ich bin die Frau.« Er setzte sich aus, um etwas zu erfahren und Filme daraus zu machen.

Ich wusste, der Rainer ist homosexuell, nicht mal bisexuell. Als wir miteinander schliefen, war ich verwundert, wie zärtlich er war. Es war wunderschön. Am nächsten Morgen saß er in einem weißen Hemd in der Küche. Wir wurden beide ganz jungfräulich. Er wand sich und sagte schließlich: »Ich möchte, dass wir verheiratet sind. Sonst kann ich dich nicht mehr sehen.« Er hatte kein Vertrauen und konnte sich nicht vorstellen, dass eine Frau die Kraft hat, mit einem Schwulen zu leben. 1970 heirateten wir, aus Liebe. Es war ihm ungeheuer wichtig, dass ich als »Frau Fassbinder« auftrete. Er wollte ein Kind haben. Ich wollte filmen, mit dabei sein, aber er sagte: »Meine Frau arbeitet nicht. Sie repräsentiert neben mir.« Einmal nahm er mir den Pass weg, weil er Angst hatte, ich fahre weg. Er sperrte mich auch in der Wohnung ein, aus Angst, allein zu sein. Wenn ich im Bad war, musste ich die Tür offen lassen, damit er wusste, ich bin nicht weg. Als das Koks meinen Schleimhäuten gefährlich wurde, ging ich nach Paris. Bei unserer Scheidung bekam er eine Gürtelrose. Es war ihm wichtig, dass ich mich weiterhin Ingrid Fassbinder nenne. Nach der Scheidung sind wir viel gereist. In New York waren wir im Anyhow, einem herrlichen Sadomasoclub. Ich war sehr auf Sonne und wollte irgendwann zurück ins Chelsea-Hotel. Im Zimmer ließ ich Badewasser ein und setzte mich in die Wanne. Da waren lauter schwarze Punkte auf dem Wasser. Ich tippte sie an, es war was Knackiges. Als ich merkte, es waren Kakerlaken, hielt ich den Atem an und dachte immer wieder: Der Rainer kommt! Ja, der Rainer kommt und holt dich hier raus! Ich war unfähig, mich zu bewegen. Dann kam er. Das Badewasser war schon kalt. Als er das leere Bett sah, rief er: »Ingrid! Ingrid!« Weil ich die kleinen schwarzen Dinger nicht aufwecken wollte, sagte ich ganz klein und ängstlich:

»Ja.« Dann hat er mich rausgeholt und mit mir geredet, die ganze Nacht.

Es wundert mich, dass der Rainer so lange gelebt hat. Alles, was er anfing, machte er zweihundertprozentig als guter Deutscher, als Überdeutscher. Das letzte Mal sah ich ihn bei seinem Geburtstag zehn Tage vor seinem Tod. Mein Eindruck war, er hatte zum Koks auch noch Heroin genommen. Er war ganz leise und ganz schwebend und ganz zart.

ALEXANDER KLUGE, Schriftsteller und Filmemacher: Als Fassbinder hörte, ich hätte geheiratet, schrieb er mir einen bösen Brief, öffentlich, gedruckt in einer Zeitung. Jetzt wäre es mit mir zu Ende, meinte er. Als er später Ingrid Caven heiratete, schrieb ich ihm keinen bösen Brief. Die Heirat war eine würdige monarchische Handlung, so wie ein König eine Frau hat ohne viel Verwendung. Die beiden hatten eine sehr innige seelische Beziehung. Er wäre in ihrer Gegenwart auch nicht gestorben. Ich hatte mit ihm ein Abkommen: Wenn ich vor ihm sterbe, darf er alle meine Filme beliebig fortsetzen. Umgekehrt galt dasselbe. Es gibt von mir ein Dutzend Filme und Geschichten, die eine heimliche Fortsetzung von Fassbinder sind, zuletzt der Film *Szene aus der Arbeitswelt*. Man soll nie sagen, jemand ist tot.

HANNA SCHYGULLA, Schauspielerin: Von 1969 bis 1981 spielte ich in zwanzig Filmen von Fassbinder. Der Rainer war schicksalhaft für mich, denn die Schauspielerin Hanna Schygulla hätte es ohne ihn und die verdeckte Liebe zwischen uns nicht gegeben. Wir spürten beide, wir waren füreinander bestimmt, ohne dass wir allzu viel gemein hatten. Wenige Tage vor seinem Tod sagte er: »Als ich die erste Einstellung in meinem Leben gedreht habe, war das toller als der tollste Orgasmus, den ich je hatte. Eigentlich bin ich nur glücklich, wenn ich Filme mache.« Trotz vierundvierzig Filmen war er am Ende ein manisch-depressives Kokainwrack. Wenn ihm bei seinen frühen Filmen etwas besonders gut gelang, hüpfte er am Set herum wie ein glückliches Kind. Später wirkte er oft wie ein müder Imperator. Vielleicht begann es ihn zu langweilen, sein Leben nur noch auf dem Umweg über Filme leben zu können.

Ich hatte innerhalb des Fassbinder-Clans einen Sonderstatus und wurde wie ein rohes Ei behandelt. Rainer wusste, wenn er mir als cholerischer Despot gegenübertritt, dreh ich mich um und geh. Ich bin keine, die Verletzungen genießt. Das heißt aber nicht, ich hätte mich ihm nicht unterworfen. Ich liebe die Überwältigung, wenn ich spüre, etwas ist größer als ich. Es war ein hoch kompliziertes Wechselspiel zwischen uns. Sein unausgesprochenes Versprechen lautete: Zeig mir, was du alles mit dir machen lässt, und ich zeige dir, wer du bist. Nach Drehschluss ging ich dann auf Abstand. Ich wollte auch nie in die Kommune-Villa in Feldkirchen bei München ziehen. Lieber bin ich dort ein- und ausgeflogen wie ein Vogel aus einem Käfig mit offener Tür. Das Tragische an ihm war, dass er einerseits sagte, die Freiheit fängt da an, wo die Unterdrückung aufhört, andererseits musste er selber immer unterdrücken. Hörigkeit war für ihn ein Liebesbeweis. Wie kann man mit den eigenen Filmen dafür kämpfen, dass der Mensch nicht mehr getreten wird, und dabei selber treten? Aber wahrscheinlich sind alle Genies mehr oder weniger unerträglich.

1981, ein Jahr bevor er mit siebenunddreißig starb, sagte Rainer in einem Interview, wir beide hätten in all den Jahren keinen einzigen privaten Satz gewechselt. Das war nicht sehr übertrieben. Ich war ihm gegenüber scheu und er mir gegenüber. Wir brauchten zwischen uns eine geheimnisvolle Spannung, und die bedurfte keiner Worte. Aber da wäre auch Substanz für anderes gewesen. Ende der Siebziger kam der Wunsch in mir hoch, ein Kind mit ihm zu haben. Ich habe ihm das aber nie gesagt. Als ich schließlich bereit war, war er wegen der Drogen schon jenseits von allem. Er schnupfte am Ende sieben Gramm Kokain am Tag. In den ersten Jahren hat er nie an Drogen rangehen wollen. Wir mussten heimlich kiffen. Wenn er kam, hieß es: »Mach den Joint aus, der Rainer kommt!« Ein paar Wochen nach seinem Tod bin ich in Ägypten auf eine Pyramide gestiegen, um den Sonnenaufgang zu erleben. Als ich beim Abstieg ausglitt und die riesigen Stufen runterkugelte, dachte ich: Jetzt holt er mich, der Rainer!

ULLI LOMMEL, Schauspieler und Regisseur: 1969 spielte ich die Hauptrolle in Fassbinders Debütfilm *Liebe ist kälter als der Tod*. Es folgten zwanzig weitere Filme mit ihm. Wir kamen zusammen, weil er an meinem Marktwert interessiert war. Ich hatte Rollenangebote für die nächsten drei

Jahre, und seit die *Bravo* 1967 einen Starschnitt von mir veröffentlicht hatte, bekam ich Tausende Autogrammbitten. In einer Kneipe in München sagte er zu mir: »Ich will Filme machen. Jemand hat mir Geld versprochen, wenn du mitmachst.« Wir verstanden uns, ohne ein Wort zu sagen, vielleicht weil wir so gegensätzlich waren. Er war zweiundzwanzig, ein Jahr jünger als ich, und hatte diese Attitüde von Genie, des Teufels General und trinkendem Desperado. Weil er unsicher war, war er großmäulig. Er rauchte Kette, hatte dreckige Fingernägel und trug trotz seiner Moppeligkeit Hosen, die ein paar Nummern zu eng waren. Dennoch wirkte er irgendwie süß und sexy. Wir haben uns dann im Arri-Kino in der Türkenstraße *Töte Amigo* von Damiano Damiani angeschaut. Dass wir an denselben Stellen lachten und weinten, war der Beginn unserer Freundschaft. Später saßen wir oft nachts auf dem Münchner Südfriedhof und hörten The Doors. Als ihm bei seinem Erstlingsfilm das Geld ausging, schenkte ich ihm meinen roten MG. Aber anstatt ihn zu verkaufen, ließ er sich darin herumchauffieren. Dafür spielte er in meinen Filmen umsonst mit.

1970 drehte ich mit Fassbinder in Spanien den Western *Whity*. An meiner Seite spielte meine damalige Frau Katrin Schaake, die später zwölf Jahre lang mit Marius Müller-Westernhagen liiert war. Am Ende der Dreharbeiten lagen Katrin und ich am Boden und wimmerten vor Scham, Ekel und Wut. Fassbinder hielt unsere Ehe für gescheitert, und um uns eins auszuwischen, gab er Katrin die Regieanweisung, mir zwei Minuten lang mit dem Handrücken ins Gesicht zu schlagen. Am Ende der Szene bin ich mit wahnsinnigen Kopfschmerzen vom Drehort weggelaufen. Sein Kommentar war: »Es ist besser, auf diese Weise Schmerzen zu empfinden, als sich mit einer verlogenen Ehe herumzuquälen.«

Als wir *Chinesisches Roulette* drehten, hatte der Kameramann Michael Ballhaus eine Affäre mit der Cutterin Ila von Hasperg. Als die Frau von Ballhaus am Set auftauchte, sagte Fassbinder: »Michael, stell doch mal die Ila deiner Frau vor. Die müssen sich unbedingt kennenlernen.« Es gab dann natürlich unglaublichen Ehezoff – worüber Fassbinder sich kranklachte. Er war der Meinung, private Verlogenheiten gehören auf den Tisch.

Fassbinder starb mit siebenunddreißig an einer Mischvergiftung aus Kokain, Alkohol und Schlaftabletten. Ein Jahr vor seinem Tod kam er nach Los Angeles, um mit dem Agenten Walter Kohner über die Besetzung seines Films *Kokain* zu reden, in dem Romy Schneider die Hauptrolle spielen sollte. Wir trafen uns in einer Bar am Hollywood Boulevard. Er hatte mehr als vierzig Pfund zugenommen und trug immer noch die schwarze Lederjacke, die ich ihm 1969 bei unserem ersten gemeinsamen Film geschenkt hatte. Die meiste Zeit starrte er nur vor sich hin. Mit seiner dicken, schwarzen Sonnenbrille sah er aus wie Onassis auf LSD. Er schimpfte über die ewige kalifornische Sonne: »Goethes letzte Worte waren ›Mehr Licht!‹. Das verstehe ich überhaupt nicht. ›Mehr Schatten!‹ macht doch viel mehr Sinn.« Dann sang er leise ein Lied von Vicky Leandros:

»Was kann mir schon geschehen? Glaub mir, ich liebe das Leben. Das Karussell wird sich weiterdrehen, auch wenn wir auseinandergehen. Du weißt, ich liebe das Leben.«

MARTIN WALSER, Schriftsteller: Bei Wolfgang Herrndorf las ich das Wort Exit-Strategie. Hemingway kommt für mich nicht infrage, denn ich habe kein Gewehr. Vor den Zug werfen geht auch nicht, ich möchte keine Sauerei hinterlassen. Hängen ist brutal. Erwünscht ist eine Gleitdroge, die in einem Zwölfstundenschlaf die Arbeit tut, sensationslos und schmerzlos. Allerdings suche ich die noch. In Goethes Nähe durfte niemand das Wort Tod aussprechen. Der Beerdigung seiner fünf Kinder blieb er ebenso fern wie der von Schiller. Das ist mir zutiefst sympathisch. Ich gehe auch zu keiner Beerdigung. Konversation über den Tod interessiert mich nicht, weil man über den Tod nichts Falsches sagen kann. Lassen wir den Tod draußen, wo er hingehört. Je näher du dem Tod bist, desto schöner ist es zu leben. Oder genauer gesagt: desto schöner wäre es zu leben.